불자생활백서

불자들이 꼭 알아야 할 79가지 에티켓

윤창화·고명석 지음
용정운 일러스트

민족사

불자생활백서

책머리에

 불자로서 갖추어야 할 여러 가지 소양이 있을 것입니다. 불자로서 알고 실천해야 할 일이 많을 것입니다. 그리고 불자로서 어떻게 하는 것이 옳고, 어떻게 하는 것이 옳지 않은지 알고 싶어하는 분들도 많이 있을 것입니다.

불자가 되면 우선 무엇을 기본적으로 갖추어야 하며, 사찰에 가면 어떻게 해야 하고 스님을 만나면 어떻게 해야 하는지 궁금할 것입니다. 그러나 의외로 사찰이나 가정, 그리고 사회 속에서 어떻게 하는 것이 좋은지 제대로 알고 있는 분은 많지 않은 것 같습니다.

불자로서 에티켓과 자세, 예의범절에 대해 하나하나 물어보면 좋을 텐데 너무 기본적인 것이라 그런지 물어보는 것조차 쑥스럽습니다. 그러니 가슴 속 한 구석으로는 너무나 답답합니다. 그리고 설사 안다고 할지라도 어설피 알고 있는 것 같아 뭔가 좀 어정쩡하고 불안합니다. 같은 불자나 스님들을 만나면 어떤 예절을 갖추어야 하고 어떤 말을 나누어야 할지도 막막합니다.

이 책에서는 불자로서 반드시 알고 실천해야 할 가장 기본적인 사항 79가지를 정해서 '법회에 참석하거나 스님을 만나면 어떻게 해야 하는지?' 그리고 '불자로서 자세는 어떻게 갖추어야 하는지?' 등 생활 속에서 실천하는 방법을 담아냈습니다. 살펴보면 그렇게 어려운 것이 아닌데도 우리는 이러한 기본적인 사항도 제대로 알지 못하고 생활 속에서 구현해내지도 못하고 있습니다.

이 책에서 소개한 내용은 누가 보기에도 알기 쉬운 내용입니다. 일반적인 상식과 큰 차이가 없습니다. 읽고 난 뒤 조금만 신경 쓰면 금방 익힐 내용들입니다. 이 책에 쓰여 있는 대로 실천한다면 곧 훌륭한 불자가 될 수 있습니다.

불자로서 이러한 기본적인 자세와 해야 할 일들을 실천함으로써 한국불교가 나날이 발전하고, 사찰이 불교문화와 정신으로 찬란한 빛을 발하며, 불자 개개인들 또한 마음이 성숙되어 진정 행복하고 평화로운 삶이 되기를 고대합니다.

윤창화 · 고명석 합장

차례

책머리에 ... 4

01. 무늬만 불자가 되지 말자 ... 13
02. 내가 믿는 불교의 가치를 정립하자 ... 16
03. 불교계에서 발행되는 신문은 1부 이상 구독하자 ... 19
04. 불교 책 한 권은 가지고 다니자 ... 22
05. 불교를 믿는 목적을 분명히 하자 ... 26
06. 가족 친척 등 주변 사람들을 불자로 만들자 ... 30
07. 불교 TV 시청, 불교방송 청취를 생활화하자 ... 33
08. 일주일에 한 번 이상 절에 나가자 ... 36
09. 사찰 행사에 자원봉사를 많이 하자 ... 40
10. 불교인이라는 자신감과 긍지를 갖자 ... 43
11. 어려움에 처한 불자를 도와 주자 ... 47

12. 불자로서 결속력을 다지자 ... 50
13. 자신이 불교인이라는 것을 먼저 밝히자 ... 54
14. 예불문은 반드시 외우자 ... 57
15. 불교 기초교리를 반드시 배우자 ... 60
16. 신도들은 주지스님의 인사이동에 관여하지 말자 ... 63
17. 어떤 장소든 스님을 만나면 합장하자 ... 67
18. 불자라면 신도증을 꼭 만들자 ... 70
19. 기왕이면 같은 불자에게 도움을 주자 ... 74
20. 법회에 자주 참석하자 ... 77
21. 항상 신도증을 소지하자 ... 81
22. 스님들에 대한 비판적인 말을 삼가하자 ... 84
23. 일정하게 다니는 소속 사찰을 정하자 ... 88
24. 불자로서 품위 없는 행동을 하지 말자 ... 91
25. 손목에 단주를 착용하자 ... 95
26. 절하는 방법을 제대로 알자 ... 98
27. 항상 합장하는 습관을 갖도록 하자 ... 102
28. 법문 시간에 잡담하거나 졸지 말자 ... 105

29. 법문이나 강의 시간에는 휴대전화를 끄자 ... 108
30. 부처님 가르침을 누구에게나 전할 수 있도록 하자 ... 111
31. 불교 입문서를 한 권 이상씩 읽자 ... 115
32. 오계는 반드시 외워서 실천하자 ... 118
33. 삼귀의, 사홍서원, 찬불가, 반야심경은 반드시 외우자 ... 121
34. 이교도들의 불교비방에 적극 대처하자 ... 125
35. 불자 간의 친목을 돈독히 하자 ... 128
36. 부처님 말씀을 생활에 적용시키자 ... 131
37. 옷 색으로 스님들의 위계를 구분하는 방법을 알자 ... 135
38. 불공은 사시(巳時)에 합동으로 올리도록 하자 ... 138
39. 차례나 제사는 불교식으로 지내자 ... 142
40. 불전에 부담을 갖지 말자 ... 147
41. 승용차를 타고 절 마당까지 들어가지 말자 ... 150
42. 단체로 절에 갈 때 질서 정연하게 움직이자 ... 154
43. 절에 가서 꼭 주지스님을 만나려고 하지 말자 ... 158
44. 절에 갈 때는 옷차림을 단정히 하자 ... 161
45. 절에 갈 때는 화장을 진하게 하지 말자 ... 163

46. 스님들과 똑같은 옷을 입고 다니는 것은 삼가하자 ... 166

47. 절 근처에서 술을 마시고 소란스럽게 떠들지 말자 ... 169

48. 불자로서 굿이나 무속적인 행위를 하지 말자 ... 172

49. 불자들은 서로 법명을 부르자 ... 176

50. 차 안에 염주를 걸자 ... 179

51. 법당, 탑 앞을 지나갈 적에는 반드시 합장하자 ... 182

52. 하심하는 마음으로 절을 하자 ... 185

53. 법당을 출입할 적에는 양쪽 문으로 출입하자 ... 189

54. 법당에 들어갈 적에는 신발부터 정돈하자 ... 192

55. 법당 안에서는 발소리가 나지 않도록 조심해서 걷자 ... 195

56. 법회나 강의가 끝나면 책상과 방석을 정리 정돈하자 ... 198

57. 공양 시간을 지키자 ... 201

58. 공양할 때 음식은 알맞게 덜어서 먹고 남기지 말자 ... 204

59. 언제 어디서나 공양하기 전에 합장하자 ... 207

60. 자기가 먹은 그릇은 스스로 닦자 ... 211

61. 큰스님을 잘 안다고 과시하지 말자 ... 214

62. 스님들에 대해서 이런저런 말하는 것을 삼가하자 ... 217

63. '행자스님'이라는 호칭은 맞지 않습니다 ... 221

64. 스님 법명을 존칭 없이 함부로 부르지 말자 ... 224

65. 스님들께 사주 관상을 봐 달라고 하지 말자 ... 227

66. 한글로 번역된 경전을 읽자 ... 230

67. 예불 드리기 전에 절대 떠들지 말자 ... 233

68. 부처님 정면에서 절하는 것은 피하도록 하자 ... 236

69. 절하는 사람 앞을 가로질러 가지 말자 ... 239

70. 사찰에서는 정숙한 마음을 갖자 ... 241

71. 절에서 술을 마시거나 담배를 피우지 말자 ... 245

72. 보시할 때는 대가를 바라지 말자 ... 248

73. 너무 복만 달라고 조르지 말자 ... 252

74. 1인 1수행을 생활화하자 ... 256

75. 당사자가 없는 자리에서 남을 비방하지 말자 ... 260

76. 나쁜 말과 거친 말을 하지 말자 ... 264

77. 많은 욕심을 갖지 말자 ... 268

78. 이익에 따라 부처님 말씀을 악용하지 말자 ... 272

79. 합장의 의미를 알고 실천하자 ... 276

01

무늬만 불자가 되지 말자

무늬만 불자가 되지 말자! 참 이 말이 묘하게 들립니다. 이 말은 돌려서 말하면 오늘날 우리 불교는 무늬만 불자인 분들이 많다는 얘기이지요. 무늬란 겉모양이라는 의미와 보여 주기 위하여 겉으로만 행한다는 뜻이 있습니다. 그러니까 겉모습과 모양만 불자이지 내용은 영 딴판이라는 얘기이지요. 단적으로 말해서 참 불자가 드물다는 것입니다.

부처님 오신날이나 우연한 기회에 일 년에 한두 번 정도 절에 가는 불자가 과연 진정한 불자라 할 수 있을까요? 부처님 핵심적인 가르침이 무엇인지 모르는 불자가 진정한 불자라 할 수 있을까요? 불교가 무엇이냐고 물어볼 때 그것을 자신 있게 설명할 수 없는 불자가 참 불자라 할 수 있을까요? 자기를 비우지 못하고 마음에 탐심만 가득찬 불자가 진정한 불자라 할 수 있을까요?

결코 아니지요. 이런 분들은 사실 무늬만 불자일 것입니다. 애석하게도 일주일에 한 번 이상 절에 가서 법회에 참석하는 불자들은 전체 불자 중에서 3.5%에 불과하다는 조사결과가 나왔던 적이 있습니다. 2004년에 한국인의 종교와 종교의식 조사에서 이런 결과가 나왔습니다. 그리고 더 애석한 것은 이런 결과가 지금도 더 나아지지 않고 있다는 점입니다.

따라서 우리는 무늬만 불자가 아닌 참 불자가 되어야겠습니다. 그러기 위해서는 우선 불자가 되기 위한 수계를 받아야 합니다. 대한불교조계종에서는 불자로서 기본교육을 마치게 되면 신도로서의 자격을 부여하고 수계를 주므로 우선 사찰에서 운영하는 기본교육 기관에 등록하여 교육을 받는 것이 무늬만 불자로부터 벗어나는 첫 번째 사항입니다.

초파일때만 절에가는 무늬만 불자가 되지말고 신행생활 열심히 하는 불자되자.

그리고 매주 절에 나가서 신행생활을 할 수 있는 재적사찰을 정해서 정기적으로 법회에 참석해야 합니다. 이 절 저 절 다니기보다는 자신이 언제라도 갈 수 있는 절을 정해 놓고, 그 절에 가서 부처님께 예배 공양을 드리는 것은 물론 스님으로부터 법문을 듣고 신행지도를 받을 수 있도록 해야 합니다.

무엇보다도 진정한 불자가 되려면 자신을 비워야 합니다. 자신을 비워 그 큰 마음으로 이웃들에게 자비를 베풀어야 합니다. 그리고 그렇게 자신을 비우는 길은 기도와 수행, 보시의 생활화를 통해 이루어집니다.

자, 이러한 실천을 통해 우리는 정말 진정한 불자로 다시 태어날 수 있습니다. 참 불자들이 점점 늘어나 절과 법회에 불자들이 가득 차고, 또 그러한 불자들이 맡은 바 각 분야에서 최선을 다할 때 사회가 맑고 향기로워지는 것은 물론 이 땅에 불국정토가 속히 실현될 수 있겠지요. | 고명석 |

02

내가 믿는 불교의 가치를 정립하자

불교를 믿고 신행생활을 하는 데 가장 중요한 점은 '나는 이래서 불교가 좋다'는 이유를 분명히 정립해 놓아야 한다는 것입니다. 상대방이 "당신은 왜 불교를 믿느냐?"라고 물어올 때, 내가 믿는 불교의 가치관을 분명한 어조로 말해 주어야 하겠지요. 그리고 그러한 가치관대로 신행생활을 해 나가야 합니다.

불교에 대한 가치관이 정립되지 않은 사람의 신행생활은 어려움이 닥치면 금방 무너지기 마련입니다. 더군다나 정말 힘들고 외로운 상황에서 타 종교의 회유가 들어왔을 때 개종하기 십상이지요. 우리는 이러한 현상들을 주변에서 목격하곤 합니다. 얼마 전까지만 해도 불자임을 자처해 온 정치계의 모 유명인사가 타 종교로 개종한 모습을 보면서 참 뒷맛이 개운하지가 않고 안타까운 마음을 금할 수가 없습니다.

　불교의 가치관이 제대로 정립되었을 때, 내 마음가짐이 굳건히 서고 어떻게 생각하고 말하며 행동할지, 그리고 어떤 가치관으로 살아나가야 할지 명확해집니다. 그리고 그런 삶을 위해서 끊임없이 노력하는 것은 물론, 마음을 집중하고 자신의 마음을 들여다

보고 자신을 살피며 살아가기 때문에 앞길에 장애가 없게 됩니다.

그래서 부처님 말씀인 팔정도(八正道)에서 정견(正見)이 제일 먼저 나오는 것이지요. 정견이란 바른 가치관을 말합니다. 그것은 우리의 삶은 어떤 안목으로, 어떤 마음가짐으로 보느냐 하는 것인데, 바로 바른 가치관 바른 안목으로 보라는 것이지요.

이에 대해 약간 부연하지만 불교에서 바라보는 바른 가치관이란 모든 것을 연기(緣起)·무아(無我)·중도(中道)·공(空)으로 보는 것입니다. 그리고 왜 연기·무아·공이라 했는지 그 이유를 이론적으로는 물론 마음으로 분명하게 새겨두어야 합니다. 그렇게 해야 불교의 바른 가치관이 서게 됩니다.

이렇게 가치관이 가슴에 영롱하게 새겨질 때 어떤 곤경에서도 흔들리지 않고 똑바로 걸어갈 수 있으며 어떤 삶의 형태를 취하더라도 불자로서의 본분에 벗어나지 않게 됩니다. | 고명석 |

03

불교계에서 발행되는 신문은 1부 이상 구독하자

 현재 우리나라 불교계에는 『법보신문』 『불교신문』 『현대불교』 『주간불교』 『만불신문』 『금강신문』 등의 신문이 있습니다. 대부분 주간지로 일주일 동안 일어났던 불교계의 여러 소식과 각 종단의 뉴스, 불교학계와 문화 예술 스님들의 활동 등을 전하고 있습니다.

그런데 이 신문들이 단순히 일주일 동안에 있었던 뉴스만 보도하는 것이 아니라 우리 불자들에게 필요한 불교교리나 지식, 경전 해설, 법문, 책 소개, 그리고 좋은 강좌도 함께 소개하고 있습니다. 특히 요즘엔 각 신문마다 증면(增面)하여 알차고 다양한 내용을 많이 담고 있기 때문에 신문만 잘 읽어도 상당한 지식을 습득

할 수가 있습니다.

　또 어떤 책을 읽으면 좋을지 몰라 망설일 때에도 신문에 실린 서평과 신간안내를 참고하면 비교적 좋은 책을 읽을 수가 있습니다. 월 구독료도 대단히 쌉니다. 1주일에 1회 즉 한 달에 4회(평균 24면) 발행하여 집에까지 보내주는 데 평균 5천 원입니다. 커피 한 잔 값입니다. 그런데 이렇게 싸고 많은 지식과 정보, 교양을 전달해 주는데도 신문을 보는 불자는 얼마 안 됩니다.

불교를 믿는 신자는 약 천만 명쯤 된다고 합니다. 4인 1가구로 봤을 때 약 250만 가구가 되지요. 그런데 불교계 신문을 보는 독자는 3~4만 명 정도에 불과합니다. 이래가지고서야 어떻게 자신이 불교를 믿는 사람이라고 할 수가 있겠습니까? "나는 정말 불교인인가?" 하고 깊이 반성해 보아야 할 문제입니다. 오늘부터라도 꼭 한 부 이상씩 구독하도록 합시다. 불교에 대한 많은 지식과 교양을 얻을 수가 있습니다.

그리고 신문을 읽을 적에는 가능한 연재되고 있는 글을 많이 읽으시기 바랍니다. 연재되고 있는 글은 비교적 쉽고 잘 요약되어 있습니다. 또 양(量)도 원고지 7~8매 정도로 책으로 계산하면 2쪽 정도에 불과합니다. 읽기에도 부담이 없습니다. 중요한 연재는 잘 모아서 정리해 두고 반복해 읽으면 많은 도움이 됩니다. 윤창화

04

불교 책 한 권은 가지고 다니자

　책은 우리의 마음과 정신을 맑게 해 주는 역할을 합니다. 또한 책은 우리가 살아가는 데 있어서 필요한 상식과 지식, 지혜를 가르쳐 주고 있습니다. 한 권의 좋은 책, 한 권의 좋은 불서(佛書) 때문에 인생관이 달라지기도 합니다.

　불교 책으로는 경전 번역서, 교리 해설서, 스님들의 법어집, 수필집, 사찰 기행문, 명구집 등 많은 종류가 있습니다. 그 중에서 자신의 취향에 맞는 책이나 꼭 읽고 싶었던 책, 또는 불교입문서를 갖고 다니면서 시간이 날 때마다 읽는 것입니다. 불교 책의 특징은 돈, 명예욕, 출세욕 등 갖가지 욕망에 사로잡혀 있는 우리의 마음을 돌아보게 해 줍니다. 이것이 불교 책의 장점이라고 할 수 있습니다.

　바쁜 현대를 살아가는 우리의 생활은 기계처럼 정신없이 돌아갑니다. 책 읽을 수 있는 시간이 없습니다. 직장인들의 경우는 저녁 퇴근 시간 외에는 틈이 없고, 개인 사업자는 마음이 여유가 없고, 주부들의 경우는 시간은 좀 있지만 책을 읽을 만한 분위기가 안 되지요. 낮 시간은 많지만 집안 청소하고 한두 명의 동창과 만나다 보면 어느새 저녁 시간이 되지요.

　요즘처럼 분주한 일상 속에서 그래도 나 자신을 돌아보면서, 책을 읽으면서 살아가자면 첫 번째 방법은 저녁에 TV 보는 시간을 줄이는 수밖에 없습니다. 아무리 TV가 나를 유혹해도 1시간만 줄이는 것입니다. TV를 한 시간 보지 않았다고 해서 문화적, 정서적으로 문제점이 발생하는 것이 아닙니다. 사실 TV 보는 시간을 줄여서 책을 읽는다면 충분히 다른 삶을 하나 만들 수 있습니다. 하루에 한 시간 한 달에 30시간을 할애하면 한 달에 약 두 권 정도는 읽을 수 있습니다. 못 읽어도 한 권은 가능합니다.

　다음은 자투리 시간을 이용하는 방법이 있습니다. 출퇴근할 때, 외출할 때 가방이나 핸드백 속에 책을 한 권 넣어가지고 다니는 것입니다. 자투리 시간이 나면 읽는 것입니다. 예컨대 지하철이나 버스, 빌딩 로비나 찻집 등 공공장소에서 잠시 기다리는 틈을 이용하여 책을 읽는 것입니다. 턱도 없는 말이라고 할지 모르지만 열 번만 하면 습관적으로 책을 꺼내게 됩니다.

이처럼 하루 이틀 하다 보면 어느새 책 읽는 것이 습관화 됩니다. 집에서도 외출할 때도 읽게 됩니다. 한두 권씩 독파하다 보면 자기도 모르는 사이에 불교에 대한 지식이 굉장히 늘어나게 됩니다. 불교가 아무리 어렵다고 해도 책 다섯 권만 읽으면 입문과정은 끝낼 수 있습니다. 1~2년 사이에 완전히 다른 사람이 되어 버리는 것입니다. 불교 신자로서 자신감과 긍지를 갖게 됩니다. 삶의 의미가 달라집니다.

독서를 할 때 주의할 점은 집중력입니다. 잡념을 없애고 집중해야 합니다. 집중력이 떨어지면 효과가 떨어집니다. 책을 읽고 있는 순간엔 책 내용에 몰입하는 것입니다.

일상적인 습관이 성공을 좌우합니다. 우리는 자신을 개발하지 않으면 성공적인 삶을 살 수가 없습

바쁜 일상속에서도 잠시 마음의 휴식을 찾을 수 있는 불서를 지니고 다닙니다.

니다. 늘 나는 왜 무의미한 삶을 살고 있는가 하고 반문할 것이 아니라 당장이라도 실천하는 것입니다. 자기를 발전시키자면 최소한 이 정도는 노력해야 합니다.

공자의 어록집 『논어』에 보면 이런 말이 있습니다. "광대도 게으르면 성공할 수 없다." 유명한 광대가 되자면 그것도 부지런해야 한다는 뜻입니다. 또 이런 말이 있습니다. "나이 40대가 되었는데도 그 사람이 누군지 알 수 없다면 나머지는 볼 것도 없다." 나이 40대가 되었는데도 그 사람이 뭐하는 사람인지 분명하지 않다면 아무런 노력을 하지 않은 것입니다. 그런 사람은 장래가 뻔하다는 것이지요. 참 좋은 말입니다. 윤창화

05

불교를 믿는 목적을 분명히 하자

불자들은 불교를 믿는 목적을 분명히 해야 합니다. 내가 믿는 불교의 목적을 명확하게 정립해 놓고 그 목표 지점을 향해서 당당하면서도 머뭇거림 없이, 그리고 묵묵히 걸어가야 합니다. 그래야 그 과정에서 닥쳐오는 갖가지 역경을 슬기롭게 극복할 수 있습니다.

불교를 믿는 목적이 명확하지 않은 상태에서 남들이 좋다니까, 그저 좋아 보여서 불교를 믿는다면 우리는 그 목적지를 잃어버릴 수 있습니다. 목표점을 잘못 알고 다른 곳으로 빠질 수 있다는 것입니다. 목표를 상실한 배는 표류할 수밖에 없습니다. 그러다가 풍랑이나 폭풍우 등을 만나기라도 한다면 설상가상이겠지요. 인생의 목표가 그래서 중요한 것입니다. 그런 까닭에 불자들은 불교를 믿는 목적을 정확히 설정해 두어야 합니다.

예를 들어 마음의 안정이라든가 평화, 자유롭고 걸림 없는 마음으로 살기 위해, 깨달음을 얻기 위해, 설사 이생에서 깨닫지는 못하더라도 좋은 업을 쌓기 위해서, 아름다운 삶을 위해서, 가정의 복락을 위해서, 신심의 건강을 위해서 등등 각자 불교를 믿는 목적을 세울 수 있을 것입니다.

이렇게 목적이 확실해지면 그 목적을 달성하기 위한 장단기적이고 구체적인 목표를 정해서 실천계획을 마련해야 합니다. 내가 불교를 믿는 목적이 위없는 깨달음이라면 그것을 실천하기 위해서 어떻게 해야 할까요? 예를 들면 다음과 같은 목표를 세울 수 있을 것입니다.

첫째, 매일 규칙적인 수행생활을 통해서 마음이 동요되지 않는 경지에 이르도록 한다.

둘째, 매일 수행일지를 써 수행이 진전되는 경지를 확인한다.

셋째, 철저하게 나를 비워, '나'라는 상에서 자유로워지도록 한다.

넷째, 자비의 마음이 넘쳐나 나누는 마음이 지극히 자연스럽게 전개되도록 한다.

너무 어렵나요? 그렇다면 마음의 안정과 평화를 위해 불교를 믿는다면 그 목표와 실천방법은 어떻게 정해야 할까요? 다음과 같이 하면 어떨까요?

첫째, 한 가지 수행법을 택해 매일 아침이나 저녁으로 일정한 시간을 내서 수행을 한다.

둘째, 어떤 일을 할 때 마음이 크게 흔들리지 않도록 깨어 있도록 한다.

셋째, 항상 자기를 돌아보며 마음이 고요한 평정상태에 머물러 있도록 한다.

넷째, 수시로 바른 자세로 앉아 깊게 호흡하며 머리에서 잡념을 비워낸다.

다섯째, 하늘, 바람, 꽃, 구름, 해맑은 눈동자 등을 응시하며 그것들을 온몸과 마음으로 받아들인다.

여하튼 불자 여러분들이 자신이 도달하고 싶은 목적과 목표를 정해 꾸준히 기도하고 수행하고 봉사하는 생활을 하면 진정 후회 없는 삶을 살아갈 수 있을 것입니다. | 고명석 |

06

가족 친척 등 주변 사람들을 불자로 만들자

 불을 밝힐 때 내 주변부터 밝히는 것이 순서이지요. 나와 내 가족 내 주변이 먼저 밝아지고 행복할 때, 그 영향력이 점차 밖으로 퍼져나가기 마련입니다. 따라서 불교를 알리고자 할 때는 주변의 가족이나 친척, 그리고 친한 친구부터 시작해야 합니다. 자주 만나는 사람들끼리는 서로 공유하는 일도 많고 대화의 시간을 많이 갖기 때문에 그렇습니다.

제일 먼저 남편이 아내에게, 아내가 남편에게 불교를 알려주어 불자부부로 살면서 불교정신으로 어려운 점을 극복하고 행복을 추구해 나간다면 참 좋은 인생살이입니다. 그런데 불자들을 보면, 보살님들은 절에 열심히 나가는데 거사님은 그와는 상관없는 경

우가 많습니다. 그 반대의 경우도 상당수 있을 것입니다. 그러니 남편이나 아내가 절에 나가는 것에 대해 달가워하지 않지요. 게다가 부부 간에 생활방식이나 가치관과 견해의 차이로 의견대립이나 싸움도 잦을 수밖에 없을 것입니다.

어린이나 청소년 불자들이 드물고 어린이 청소년 법회인원이 줄어든다고 하는데, 이것도 일차적으로 부모의 책임이 큽니다. 부부가 불자로서 생활을 충실히 해 나가면서 자식들에게 부처님의 소중한 말씀을 일러주고 법회에 나가길 권유한다면, 어린이·청소년 법회인원이 줄어들 이유가 없지요. 그런데 참 이상한 것은

부모님은 불자인데 자식들은 절에 나가지 않고 교회에 다니는 경우가 너무나 많습니다. 더 기가 막힌 일은 불자와 기독교인이 결혼하는 경우 대부분 기독교로 개종한다는 것이지요.

왜 우리 불자들은 주변의 가족이나 친척, 친구들에게 불교를 전하는 것에 소극적인지 참 알 수 없는 노릇입니다. 불자들이 너무 자비롭고 이해심이 많아서 그럴까요? 결코 그렇지 않을 것입니다. 그것은 자신이 믿는 불교에 대한 확신과 비전이 없기 때문일 것입니다. 이제부터라도 일단은 자신을 부처님 가르침으로 잘 길들인 다음, 그 가르침을 부부 간에 자식 간에 친척 간에 나누어 주어야 하겠습니다.

이것은 결코 어려운 일이 아닙니다. 내가 적극적으로 마음만 내면 되지요. 상대방의 고민과 아픔을 들어주면서 부처님 말씀을 전하겠다는 결심만 굳건하다면, 부처님 말씀을 전하는 데 진정한 기쁨을 찾을 것입니다.

천리 길도 한 걸음부터라고 했습니다. 우선은 내 주변부터 가까운 이웃부터 부처님 말씀을 전하는 데 모든 불자들이 솔선수범해야겠지요. 그들이 진정 내 가족 내 친구라면 소중한 부처님 말씀을 전하는 데 망설이고 두려워할 일이 무엇이겠습니까? | 고명석 |

07

불교 TV 시청, 불교방송 청취를 생활화하자

현재 우리나라에는 불교텔레비전 방송국과 불교라디오 방송국이 각각 하나씩 있습니다. 이러한 방송국에서는 불교계의 다양한 정보라든가 뉴스, 불교 상식, 신행상담, 법문, 교리 강좌, 사찰 순례 등 다양한 프로그램을 제공하고 있습니다. 따라서 이러한 내용들을 잘만 들어도 상당한 불교 지식을 쌓을 수 있으며 불교에 관한 갖가지 궁금증도 해소할 수 있습니다.

더 나아가 방송국에서는 산사에서 올리는 예불 시간에 맞추어 예불까지 드리고 있습니다. 실로 라디오 법당, 텔레비전 법당이라 할 수 있습니다. 따라서 불자들도 새벽이나 밤에 절에 가지 않더라도 안방에서 방송에 맞추어 예불을 드릴 수 있습니다. 이러한

방송의 특징은 시청각으로 불교를 전하기 때문에 누구라도 쉽고 간편하게 불교에 접근할 수 있다는 것입니다.

그러나 불행하게도 불자들의 불교텔레비전 시청이나 불교방송 청취율은 대단히 낮습니다. 심지어 불교텔레비전은 재정난에 여러 가지 어려운 우여곡절을 겪기까지 했습니다. 불교방송은 청취에 따른 어떤 청취료도 내지 않습니다. 불교텔레비전 시청은 케이블 TV에 가입 신청만 하면 언제라도 시청이 가능합니다.

일각에서는 그 질이나 내용이 타 방송국에 비해서 낮은 편이어서 눈이 가지 않고 귀가 열리지 않는다고 합니다. 그렇다고 해서 방송을 불자들이 외면한다면 그나마 문을 닫을지 모릅니다. 그러니만큼 현재로서는 좀 부족하다 할지라도 애정을 가지고 관심을 기울이고 듣고 봐 주어야 합니다. 그런 사람들이 많아질수록 광고 수익률이 좋아지고 그렇다면 방송국의 재정구조가 양호해져 양질의 프로그램을 불자들에게 제공할 수 있을 것입니다.

　불교방송을 듣고 불교텔레비전을 보며 법문을 들을 수 있다는 것 자체도 얼마나 행복한 일입니까? 방송국에 초빙되는 분들은 대부분 유명하신 덕 높은 스님들이거나 불자가 많기 때문에 주옥같은 말씀이 흘러나옵니다. 언젠가 불교방송을 항상 틀어 놓고 사시는 불자 가정을 가 본 적이 있는데 무척 좋아 보였습니다. 어떤 노보살님은 불교방송을 청취하고 절에 나가면서 아름다운 노년을 보내고 있었습니다. 그 노보살님이 사는 가정은 너무 행복하고 단란했습니다. 고명석

08

일주일에 한 번 이상 절에 나가자

절은 부처님이 상주하는 신성하고 장엄한 공간이자 스님과 불자들이 마음과 몸을 닦는 수행의 공간이요 부처님 가르침을 전하는 법회가 열리는 공간입니다. 또한 절은 지역 주민들의 사회 및 문화 공간으로 역할을 하고 있습니다.

불자들은 이러한 절에 가서 욕심과 망상으로 가득 찬 자신의 마음을 내려놓고 부처님과 부처님의 가르침, 그리고 그 가르침대로 수행하는 스님들을 만나게 되지요.

세속에서의 일상생활은 번뇌망상으로 들끓고 있다고 해도 과언은 아닙니다. 사람들은 잠시라도 근심 걱정을 벗어나기 힘들 정도로 수많은 번뇌로 고통스럽게 신음하면서 하루하루를 보내고 있습니다.

　그러나 절에 가면 맑은 바람 소리·풍경 소리·목탁 소리가 들려와 우리들의 내면을 맑게 씻어 줍니다. 절에 들어서는 순간 무거웠던 마음은 사라지고 자신을 짓누르고 있는 무거운 마음의 짐에서 벗어나게 됩니다. 부처님 전에 삼배를 올리며 부처님(佛)과 그 가르침(法) 그리고 스님(僧)들인 삼보(三寶)에 귀의하고, 그 삼보를 내가 영원히 안주할 수 있는 보금자리라 굳게 믿으며 자신의 진정한 염원을 발하게 됩니다.

　또한 법회에 참석하여 그 동안 지었던 죄업을 진심으로 참회하고 부처님 가르침을 전하는 스님들의 법문을 들으며 자신의 마음 속에 깊게 간직되어 있는 부처님 성품을 일깨우게 됩니다. 아울러 법문을 들으면서 마음을 맑히고 그 부처님 말씀을 마음 속 깊이 간직합니다.

　그뿐이겠습니까? 절에는 수행 공간도 마련되어 있어 참선·염불·간경·절 등의 수행을 하면서 우리들을 짓눌러 온 업장과 집착을 녹이고 자신의 마음을 맑혀 건강한 삶을 살아갈 수 있게 해 줍니다.

　또한 지역 주민들이 모여 지역의 주된 사안에 대해서 불교적으로 대안을 모색하고 사회활동을 하며, 교양 강좌·다도·꽃꽂

오늘은 절에 가는 날...
일주일에 한번이상은 가족들과 함께
절에 가서 마음을 쉬어요...
근심과 걱정도 다 놓아버려요...

이·서예교실·풍물반·연등놀이 등의 문화활동도 할 수 있습니다. 앞으로 절은 학생들의 방과 후 프로그램이나 여러 가지 체험활동을 하는 공간으로도 입지를 넓혀가게 될 것입니다.

불자들은 이런 다양한 체험을 할 수 있는 공간으로서의 절의 기능을 파악하고 적어도 1주일에 한 번 이상 법회에 참석하고 마음 밭을 가꾸는 신행생활을 하며 문화활동과 사회활동도 해 나가야 할 것입니다. 물론 가정에서 부처님 말씀을 담은 불서를 홀로 읽고 신행생활을 할 수 있겠지만, 불법승 삼보가 원만하게 갖추어진 절에 나가서 신행생활을 하는 것과는 비교할 수 없습니다. 그만큼 절에는 고요하고 정갈한 기운이 흐르고 있기 때문이지요.

아울러 규칙적으로 일정한 시간을 정해 놓고 절에 가서 도반들과 함께 기도하고 수행할 때, 그리고 함께 정보를 교류하고 지역사회의 대안을 모색할 때 그것이 큰 힘이 될 것입니다. 어쩌다 한 번씩 절에 나간다거나 불규칙적으로 절에 나가면 그것이 지속적인 힘으로 성장하지 못합니다. 수많은 세월 동안 한 방울 한 방울 일정한 간격으로 떨어지는 물방울이 바위에 구멍을 내듯이 불자들도 일주일에 한 번 이상 규칙적으로 절에 나갈 때, 그것이 큰 힘으로 작용할 수 있게 됩니다. |고명석|

09

사찰 행사에 자원봉사를 많이 하자

 절에는 많은 행사가 있습니다. 불교의 대표적인 명절이라고 할 수 있는 '부처님 오신 날'을 비롯하여 성도재일, 열반재일, 관음재일, 지장재일, 그리고 각 사찰마다 별도로 행해지는 여러 가지 불사까지 합하면 대단히 많은 편입니다. 또 불자들을 위하여 특별히 큰스님을 초청하여 법회를 여는 때도 있습니다.

법회나 불사, 또는 행사가 열리게 되면 많은 불자들과 외부 인사들이 오게 됩니다. 며칠 전부터 행사를 준비해야 하고, 또 당일에도 공양 준비 안내 등 할 일이 매우 많지만, 일손이 태부족하여 발을 '동동' 구르는 때가 많습니다. 그렇다고 하루를 위하여 사람

을 데려올 수도 없는 문제입니다. 그러므로 각종 법회나 행사가 있을 때엔 우리 불자들이 적극적으로 동참하여 자원봉사를 많이 해야 합니다.

나의 입장에서 보면 한 명에 지나지 않지만 사찰의 입장에서 보면 그 한두 명이 불어나서 몇백 명 몇천 명이 되는 것입니다. 하루 종일 자원봉사는 어렵다고 하더라도 행사 시간에만 봉사를 해도 큰 도움이 됩니다.

사실 우리 불자들은 자원봉사 정신이 좀 부족합니다. 교회나 성당에 가 보면 자원봉사하는 사람들이 참 많습니다. 하루 종일 가서 사는 사람도 있습니다. 또 사회적으로도 자원봉사는 불자보다는 기독교나 가톨릭 쪽 신자들이 더 많은 것 같습니다.

봉사정신은 바로 보시의 정신입니다. 굳이 경제적으로 남에게 도움을 주지 못한다고 하더라도 체력으로 봉사한다면 그것 역시 대단히 큰 보시입니다. 진정한 보시는 돈이나 물질이 아니고 육체적으로 그리고 마음으로 봉사하는 것입니다. 보시를 하는 것은 큰 공덕을 쌓는 일이며 더 나아가 진정한 불자가 되는 길이기도 합니다.

자원봉사는 나 아닌 남을 위하여 또는 불교를 위하여 하는 것이지만 그것은 결국 자신을 위한 일이기도 합니다. 행사가 있는 당일만이라도 절에 가서 봉사를 한다면 육체적으로는 좀 고단하긴 해도 마음은 흐뭇할 것입니다. 또 의미 있고 보람 있는 하루가 될 것입니다. ┊윤창화┊

---

* **불사(佛事)** | 불교에서는 모든 일을 불사(佛事)라고 합니다. 즉 불교를 위한 일, 부처님 일이라는 뜻이지요.

10

불교인이라는
자신감과 긍지를 갖자

불교는 여타 종교와 좀 다른 점이 있습니다. 대부분의 종교가 무조건적인 신앙을 요구하지만 불교의 가르침(교리)은 매우 합리적이고 논리적이며 철학적입니다. 그래서 서양의 과학자들은 불교를 두고 미래 사회에서 우리가 추구해야 할 가장 중요한 종교라고 말하고 있습니다.

그럼에도 불구하고 우리 불자들은 자신이 믿고 있는 불교에 대하여 잘 모르고 있는 것 같습니다. 또 자기가 불교인이라는 점에 대해서도 긍지와 자신감이 부족한 것 같습니다. 이것은 아직 불교의 가치를 제대로 발견하지 못하기 때문이 아닌가 생각합니다.

사실 불교를 전공하는 학자나 법사, 스님들을 제외한다면 대부분의 일반 불교인들은 불교에 대하여 잘 모르는 편입니다. 불교를 믿고 절에 다닌 지 오래되어도 불교의 특징이나 장점이 무엇인지 모르는 경우가 많습니다. 물론 불교가 여타 종교보다 어렵기 때문이기도 하지만, 당사자 역시 그냥 불교를 믿기만 했을 뿐 부처님의 가르침이나 불교의 가치에 대하여 알려고 하지 않았기 때문입니다.

그러면 불교는 어떤 종교일까요. 불교의 특징이나 장점은 무엇일까요. 불교는 다름 아닌 인간에 대한 탐구, 존재에 대하여 탐구하고 있는 종교입니다.

인간이란 무엇인가. 삶이란 무엇인가. 불교에서는 인간의 삶이란 고통과 괴로움의 연속이라고 보고 있습니다. 행복은 적고 고통은 많지요. 그래서 어떻게 하면 이 고통으로부터 벗어날 수 있는가? 그 길은 무엇인가? 불교란 고통으로부터 탈출할 수 있는 길을 제시하고 있는 종교입니다.

고통의 원인은 지나친 욕망에서 비롯됩니다. 욕망이 크면 클수록 고통도 큽니다. 욕망은 대부분 과욕에서 비롯됩니다. 또 한편 고통이란 무상하기 때문에 겪는 것입니다. 불교에서 "모든 것은 무상하다" "욕망을 줄이라"고 말하고 있는 것은 바로 이 무상과 욕망이 고통을 유발시키기 때문입니다. 욕망이 고통을 일으킨다

불교를 바르게 이해하고
불교의 가치를 발견하여
불자라는 자신감과 긍지를 가져요.
자랑스런 불교인이 되자구요

는 사실을 확실히 파악한다면 괴로움으로부터 벗어나게 될 것이고, 그렇게 되면 주체적인 삶, 의미 있는 삶을 살 수 있게 되겠지요.

물론 이러한 것을 깨닫기까지에는 불교강의도 들어야 하고 좋은 불교서적을 읽는 등 개인적인 노력이 필요합니다. 자신의 삶을 의미 있게 사는 데 조금도 노력하지 않는다면 개선은 불가능합니다. 얻어지는 것은 아무것도 없게 됩니다.

우리는 무엇이든지 가치관을 느끼지 못하면 긍지와 자신감을 가질 수 없습니다. 불자 역시 불교에 대하여 그 가치를 모르면 긍지와 자신감을 가질 수 없습니다. 긍지와 자신감은 힘의 바탕이요 삶의 원천입니다. | 윤창화

11

어려움에 처한 불자를 도와 주자

불교를 대표하는 두 가지 말이 있습니다. 그것은 지혜(智慧)와 자비(慈悲)입니다. 자비의 마음이란 어떠한 마음일까요? 자(慈)란 이웃들에게 기쁨과 사랑을 주는 것이며, 비(悲)란 이웃의 아픔을 나의 아픔처럼 여기고 그 아픔에서 벗어나게 해주는 마음입니다. 부처님의 생애는 아픔에서 신음하는 중생들의 고통을 제거하고 기쁨을 주기 위한 여정이었습니다.

그런데 한국의 불자들은 자비심이 빈곤합니다. 상대방과 편하고 좋을 때는 정말 다정다감하게 지내다가 상대방이 곤경에 처해 있을 때는 도와 줄 생각은 하지 않고 피하는 경향이 있습니다.

불자들은 이웃의 아픔을 내 아픔처럼 여기고 그들과 함께 슬퍼

하며 그 어려움으로부터 벗어나도록 도와 주어야 합니다. 특히 같은 절에 다니는 어려운 신도들부터 돕는 것이 좋습니다. 사람이란 고마움을 알고 감사할 줄 아는 동물입니다. 같은 절에 다니는 신도가 큰 어려움에 처해 있을 때 모든 신도들이 힘을 모아 그를 돕고, 그것이 부족하면 같은 지역에 있는 절들이 연합해서 돕습니다. 그것도 부족하면 전국의 불자들이 돕습니다. 그렇게 할 때 불자들이 자비심으로 똘똘 뭉치고, 그 어려움으로부터 벗어난 불자

자비로 한마음 되는 우리 불자들
이웃의 아픔을 내 아픔처럼…

가 그 절과 신도들에게 정을 붙이고 다시 힘을 내어 절에 열심히 다니며, 희망의 끈을 놓지 않을 것입니다. 그러한 사람들은 심한 말로 절에 나오지 말라고 누가 협박하더라도 거기에 굴하지 않고 나오게 됩니다.

정말 어려울 때 도와 주는 친구가 진정한 친구이듯, 어려울 때 도와 준 불자가 진정한 불자라 할 수 있습니다. 물론 불자이건 아니건 가릴 것 없이 어려움에 처한 사람들을 도와야 하지만, 우선 같은 불자끼리 돕고 살아간다면 그 가치는 더욱 빛날 것입니다. 그것이 찬란한 정신의 일치이자 몸의 일치가 아닐까요.

특히 포교의 차원에서는 같은 절의 신도들끼리, 같은 불자들끼리 서로 돕고 사는 것이 정말 필요합니다. 그래서 나중에는 그러한 정신이 불자가 아닌, 나에게 전혀 연고도 없는 일반인에게도, 타 종교인에게도 전개될 수 있는 무연자비(無緣慈悲: 전혀 인연이 없는 사람들에게 베푸는 자비), 동체대비(同體大悲: 한몸으로 느끼는 자비)의 마음이 널리 퍼지게 되는 것입니다. |고명석|

12

불자로서 결속력을 다지자

종교 간의 추구하는 목적이 다르기 때문에 종교들의 신앙행태가 다르게 나타나기도 합니다. 예컨대 불교는 자유로움과 자율성을 강조하는 경향이 있고, 기독교는 책임과 의무를 강조하는 경향이 있습니다. 불교는 개인의 자유의사에 많이 맡겨 두는 반면 기독교는 정기적인 모임을 통해 일주일에 한 번씩은 반드시 교회에 모여 예배를 드려야 하며, 십일조헌금을 내야 한다고 못박고 있습니다.

그러다 보니 불자들은 각각의 의사와 자율성을 존중하는 까닭에 결속력이 약하고 기독교인들은 그들만의 끈끈한 결속력이 상당히 강하게 나타나고 있습니다.

각각의 힘이 모여 큰 힘을 만듭니다.
서로 화합하여 조화롭게 세상을 이끌어가는
단합된 불자의 모습을 만들어 갑니다.

그러나 아무리 불교가 각자의 자율성을 강조한다 하더라도 그것이 불자들 간에 단합된 힘과 결속력을 배제하는 것은 아닙니다. 예컨대 사회적으로 중요한 이슈가 불거질 때, 환경보호라든가, 유전자 복제 등을 놓고 사회 의견이 양분되어 있을 때, 불자들은 불교의 가치관에 따라서 그 어느 입장을 지지하고 관철시켜 내야 합니다. 불교에서 보았을 때 옳은 일, 해야 할 일에 대해서 서로서로 의견을 공유하고 일치단결된 힘을 보여 주어야 한다는 것입니다.

그런데 불자들 간의 연관관계를 보면 모래알 같다고 하는 표현이 적절하다 할 것입니다. 제각각 자신의 멋에 겨워 살고 있는지, 서로 어울려 힘을 모으고 함께 움직이는 데 주저주저하지요.

이와 관련된 웃지 못할 얘기가 하나 있습니다. 바로 '각각등보체(各各等寶體)'라는 말인데요. 불보살님께 공양을 올리고 서원을 발하는 각각의 구성원들이 모두 보물 같은 소중한 존재라는 뜻이지요. 그런데 이 말이 '각자 따로따로다' '제각각이고 가지각색이다' 라는 식의 좋지 않은 의미로 쓰이고 있습니다.

각자가 불성을 지닌 소중한 인격체요, 누구에게도 의존하지 않고 당당히 살아가는 '나' 자신이 중요하긴 하지만 그것은 독불장군을 말하는 것이 아닙니다. 내 인생은 나의 것이니 남 상관할 바가 아니라는 식은 곤란하다는 것입니다.

각자의 소중한 인생의 길을 가면서 서로 화합하고 어우러질 때, 그것이 진정한 가치를 발하기 마련입니다. 나와 남이 그렇게 마음을 합하여 하나가 되었을 때 진정한 나의 길이 보이고 상대방의 길도 존중하기 마련입니다. 그렇게 해서 나와 전체가 조화롭게 연결되면서 나의 길을 제대로 가게 되는 것입니다. 항상 전체와의 관계 속에서 나를 살펴야 한다는 말이지요. 따라서 불자들도 불자들 전체의 입장에서 의견을 공유하고 그것을 결집된 힘으로 관철해 나가야 불교의 가치관이 존중되고 불교가 힘 있게 이 땅에 뿌리를 내릴 수 있을 것입니다.

불자로서 공동체 정신을 가지고 서로 돕고 힘을 함께 하는 것도 이러한 의식이 있을 때 가능한 것입니다. | 고명석 |

13

자신이 불교인이라는 것을 먼저 밝히자

제가 오래 전에 출판포럼이 있어서 제주도에 간 적이 있었습니다. 약 200여 명의 출판인들이 모였지요. 첫날에는 출판의 미래 방향 등에 대한 세미나가 있었고, 다음날에는 관광이 있었습니다. 한라산 등산팀, 민속촌 중문단지 관광팀, 바다 낚시팀 등이 있었는데 저는 민속촌 중문단지 관광팀에 합류했습니다. 저로서는 제주도가 처음이었기 때문입니다.

제주도는 이국적인 느낌이었습니다. 버스를 타고 제주도 일주를 하면서 각자 자기 소개를 하는 시간이었습니다. 그런데 마침 약사사 옆을 지나가고 있는데 어느 출판사 대표가 일어서더니 자신은 불교인이라고 하면서 약사사는 제주도에서 가장 큰 절이므로 모두 참배하고 갔으면 좋겠다는 것입니다. 정해진 일정 때문에 참배가 어려웠지만, 그분은 상당 시간 마이크를 들고 불교에 대하여 설명하는 것이었습니다.

저는 순간 깜짝 놀랐습니다. 기독교인들이 여러 사람 앞에서 종종 자신의 종교를 밝히는 경우는 보았지만 불교인들이 자신의 종교를 밝히는 경우는 처음 보았기 때문입니다. 극찬하지 않을 수 없었습니다. 저로서는 대단히 부끄러웠습니다. 나름대로 불교를 잘 알고 있다고 생각해 왔는데 그것이 아니었습니다. 그날 이후 저는 본격적으로 자아비판을 하게 되었습니다. 하여튼 저는 그날

누구 앞에서도 자신이 불자임을 밝힐 수 있는 자신감을 가져야 합니다.

부터 어딜 가든지 내가 불교인이라는 것을 당당하게 밝히기로 했습니다.

우리 불자들은 대부분 여러 사람이 모인 공식적인 자리에서 자신이 불교인이라는 것을 밝히지 않는 편입니다. 불교인들의 성향이 자신을 드러내기 싫어한다는 점도 있지만, 그 이면에는 불교에 대하여 잘 모르기 때문이기도 합니다. 또 불교를 믿는다고 할 경우 무언가 사업적, 또는 대인관계에서 피해를 보지 않을까 하는 염려 때문이기도 합니다.

반면 개신교 신자들을 본다면 당당히 자신은 교회에 나간다고 밝힙니다. 물론 밝혀야 할 분위기도 아닌데 억지로 밝힐 필요는 없겠지만, 밝혀도 좋을 분위기라면 우리 불자들도 자신이 불교인이라는 것을 밝혔으면 합니다. 가능한 기독교인들이 밝히기 전에 먼저 밝히는 것이 좋겠다는 생각입니다. 그들이 먼저 밝힌 다음에 뒤따라 밝히자니 종교 간에 다툼 같은 것을 유발하는 것 같아 좀 이상하기 때문입니다. 나중에 밝히는 사람은 아무래도 부담을 갖게 되겠지요. 윤창화

14

예불문은 반드시 외우자

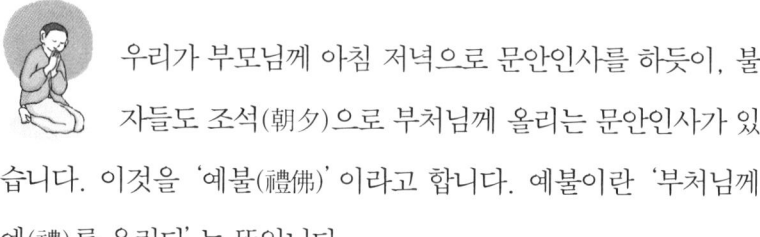

우리가 부모님께 아침 저녁으로 문안인사를 하듯이, 불자들도 조석(朝夕)으로 부처님께 올리는 문안인사가 있습니다. 이것을 '예불(禮佛)'이라고 합니다. 예불이란 '부처님께 예(禮)를 올린다'는 뜻입니다.

예불을 할 적에는 개별적으로 하는 것이 아니라 정해진 시간에 대중들이 모두 함께 모여 합니다. 대웅전이나 법당에서 부전스님의 목탁 소리에 맞추어 염불문을 외웁니다. 이것을 예불문(禮佛文)이라고 합니다.

조석 예불문은 「오분향례」인 "계향, 정향, 혜향, 해탈향, 해탈지견향"으로 시작하는데, 『불자지송』이나 『불자독송집』 또는 각

사찰에서 나누어 주는 책에 보면 맨 앞에 '조석 예불문'이라고 하여 수록되어 있습니다.

예불문은 목탁을 든 부전스님만 외우는 것이 아니라 예불에 참석한 모든 대중이 함께 외웁니다. 스님은 물론 신도들도 남녀노소의 구분 없이 모두가 리듬에 맞추어 합창하지요. 그 화음은 대단히 장중합니다. 하나의 오케스트라입니다. 함께 예불에 참석하고 나면 그 기쁨은 마치 하늘을 날듯 합니다.

함께 예불을 할 적에 다른 사람들은 목탁 소리에 맞추어 잘 외우는데 나만 몰라서 멍하니 부처님만 쳐다보고 있다면 왠지 민망하고 소외감 같은 것을 느낄 수가 있습니다. 평소 예불문을 외워 두었더라면 하는 생각이 들 것입니다. 오늘이라도 얼른 외워 두십시오. 사실 예불문은 몇 줄 안 됩니다. 하루나 이틀 정도면 충분히 외울 수 있을 것입니다.

우리나라에서 예불할 적에 화음이 가장 잘 맞는 곳이 통도사 예불입니다. 잔잔하면서도 장중합니다. 한번 가서 참석해 보시기 바랍니다. 윤창화

***부전스님** | 예불, 불공 등 염불의식을 집전하는 스님.

15

불교 기초교리를 반드시 배우자

 불자로서의 삶은 부처님의 가르침을 몸과 마음에 새기고 부처님 제자로서, 부처님 자식으로서 살아가는 것을 말합니다. 따라서 불자라면 부처님이 누구인지, 부처님께서 무슨 말씀을 하셨으며 그 가르침의 핵심이 무엇인지 반드시 알아야 할 것입니다.

사실 모든 불자들이 불교의 심오한 교리까지 모두 배울 필요는 없지만 기초교리 정도는 반드시 배우고 익혀야 합니다. 절에는 열심히 다니는데, 혹은 불자라고 말하긴 하는데, 부처님이 누구이고 그 가르침이 무엇인지 물어보면 제대로 대답하지 못하는 분들이 너무 많은 걸 보고 놀랄 때가 많습니다. 정말 불자라고 하기엔 낯

부끄러울 정도이지요.

　부처님 가르침은 불자로서 우리들이 어떻게 살아야 하는지, 어떻게 하면 행복하고 평화롭게 사는지 잘 말해주고 있습니다. 사람으로 태어나서 불교를 만나게 된 것을 맹귀우목(盲龜遇木)의 비유로 설명하고 있습니다. 눈먼 거북이가 백 년(3천 년)마다 한 번씩 물 위로 떠오르

부처님 말씀은 인생의 이정표! 열심히 배우고 익히겠습니다.

는데, 그때 거북이 목을 지탱할 구멍 난 나무를 만나야 제대로 물 위에 머물 수 있다는 얘기입니다. 그만큼 부처님 가르침 만나기 힘들고, 그만큼 부처님 가르침이 위대하다는 것입니다.

　부처님 가르침은 밤하늘에 밝게 빛나는 북극성과 같습니다. 그런데 우리가 부처님 가르침을 만나고도 그것을 배우려 하지 않는다면 인생의 소중한 기회를 상실하는 것이나 다름없습니다. 불교가 무엇을 목표로 하고 있으며 그 가르침의 요지가 무엇인지 모른다면, 그것은 마치 지도 없이 사막을 걸어가는 것과 같습니다. 우

리가 지도 없이 낯선 길이나 산을 넘어간다고 생각해 보십시오. 그렇다면 길을 잘못 들어 방황할 수도 있고, 다른 길로 접어들 수도 있으며, 잘못하면 엉뚱한 길로 빠질 수도 있습니다. 불교 기초교리는 우리가 불자로서 인생의 길을 가는 데 한 장의 지도라고 할 수 있습니다. 그것은 인생의 지침이요 고통을 벗어나 자유롭고 복되게 살아가는 감로수와 같습니다.

불교 기초교리는 각 사찰에 신도로 등록하여 신도 기본교육 과정 속에서 배울 수 있으며, 기초교리를 소개한 불서를 보고 배울 수도 있습니다. 또는 불자들끼리 공부모임을 갖고 책을 읽고 토론하면서 배울 수도 있습니다. 아울러 조계종단에서는 사이버강좌를 개설하여 불교 기초교리를 가르치고 있기도 합니다. 이러한 여러 가지 방법을 이용하면 될 것입니다.

우리는 불교 기초교리를 통해서 불자로서 자신의 신념을 굳건히 하고, 불자로서 앞길을 힘차게 개척해 나갈 수 있는 것입니다. 또한 이를 통해 불자로서 갖추어야 할 예절과 도리를 알 수 있을 뿐더러 부처님처럼 수행하고 부처님처럼 살아나갈 수 있을 것입니다. |고명석|

16

신도들은 주지스님의 인사이동에 관여하지 말자

주지스님은 한 사찰을 대표하는 총책임자입니다. 대체로 법력이 훌륭한 스님이나 인격적으로 결점이 없는 분이 맡습니다.

주지스님에 대한 임명 절차는 두 단계를 거칩니다. 말사(末寺)라고 하여 작은 사찰은 본사(本寺)에서 임명하고, 본사 주지는 그 지역 스님들이 모여 공의를 모아 투표를 하여 최다(最多) 득점자를 선출해서 올리면 총무원에서 임명합니다. 본사 주지나 말사 주지는 임기가 모두 4년입니다.

그런데 주지스님이 부임한 지 4년이 되었는데도 재임명을 받지 못하면 저절로 그만두게 됩니다. 간혹은 현 주지스님이 재임명을 받지 못하고 임기가 만료되어 떠날 때가 되면, 해당 사찰의 신도 단체에서 "신임 주지 임명이 부당하니 취소하라" "전 주지스님을 재임명해 달라"는 등 플래카드를 들고 사찰 입구에서 항의소동을 벌입니다. 심지어는 신임 주지스님이 들어오는 것을 막기 위하여 바리케이드를 치기도 하고, 많은 신도님들이 사찰을 점거하고 농성을 벌이기도 합니다.

그러나 신도들은 주지스님의 인사이동에 개입해서는 안 된다고 봅니다. 물론 신도님들의 입장에서는 주지스님께서 4년 동안 신도 교화와 포교, 사찰 운영을 잘 하셔서 교체되어야 할 아무런 이유도 없고, 또 4년 동안 모셨던 주지스님이 재임명을 받지 못하고 다른 데로 가시는 것을 볼 수가 없어서, 또는 신임 주지스님이 인격적으로 문제가 있어서 등등 여러 가지 적절한 이유가 있을 것입니다.

그러나 주지 임명은 본사나 총무원에서 하는 것이지 신도회에서 결정할 수 있는 문제가 아닙니다. 문제가 좀 있더라도 서면으로 이의를 제기하는 정도에서 그쳐야지 실력행사는 자제해야 합니다.

주지 문제로 싸움이 일어나면 사회적으로는 큰 뉴스거리가 됩니다. 신문이나 TV에 대문짝만하게 보도됩니다. 아주 부끄러운 싸움으로 문제를 해결하려고 하지 마세요.
주지 인사이동은 본사나 총무원에 맡겨두시고요...
설사 문제가 있더라도... 신도들이 앞다투어
나서는 모습은 부끄러운 일입니다.

일입니다. 무소유를 추구하는 불교에서 주지 자리를 놓고 싸움을 일으킨다면 이 얼마나 큰 웃음거리가 되겠습니까?

주지 임명은 전임 주지스님이 별 문제가 없어도 오래되면 교체하는 것이 일반적인 관례이고, 또 부득이 교체할 수밖에 없는 경우도 있습니다. 설사 임명에 문제가 좀 있더라도 신도들로서는 가능한 개입하지 말아야 합니다. 신도들이 개입한다면 결국 커다란 싸움으로 발전하게 됩니다. 이 과정에서 신도님들도 마음에 많은 상처를 입게 되지요.

또 스님들께서도 주지 문제로 싸워서는 안 되겠고 총무원이나 본사에서도 부적절한 주지 임명은 하지 말아야 하겠지요. 윤창화

17

어떤 장소든 스님을 만나면 합장하자

'불자'란 불교를 믿고, 부처님의 가르침을 따르는 사람을 말합니다. '불제자(佛弟子)'의 준말이지요.

불자에는 두 가지가 있습니다. '출가 제자'와 '재가(在家) 제자'입니다. 스님들을 '출가 제자'라고 하고, 속세에서 살면서 부처님 가르침을 따르는 신자들을 '재가 제자'라고 합니다. 출가 제자인 스님들은 부처님을 대신하여 일반 불자들에게 불교의 가르침을 전하는 역할도 합니다. 우리가 스님을 만나면 합장하는 것도 이 때문입니다.

불자들은 거리나 지하철 등 공공장소에서 스님을 만나면 어떻게 합니까? 물론 아는 스님을 만나면 당연히 합장하면서 인사하지만 모르는 스님을 만났을 경우에는 모르는 척 그냥 스쳐 지나가는 경우가 많을 것입니다. 사실, 사찰 경내가 아닌 거리나 지하철, 버스정류장, 또는 빌딩이나 찻집 등에서 스님을 만나면 합장을 해야 할지 말아야 할지 참으로 난감합니다. 아마 불교인이라면 누구나 한두 번 이상은 다 겪어 보았을 것입니다.

물론 평소 알고 있는 (친분 있는) 스님이라면 머뭇거릴 것도 없이 당연히 합장을 해야겠지만, 전혀 상면이 없는 스님을 만났을 경우엔 여간 난감한 일이 아닐 수 없습니다. 모르는 스님께 합장을 하자니 멋쩍고, 안 하자니 불자로서 무언가 죄송스러운 것 같고 말입니다.

거리나 공공장소에서 스님을 만났을 경우엔 망설일 것 없이 합장합니다.

저 역시 아는 스님을 만났을 때엔 아무런 걱정이 없는데, 모르는 스님을 만났을 때엔 벌써 몇 미터 밖에서부터 '어떻게 할까' 망설이다가 엉겁결에 합장을 하는 경우도 있고, 또 그냥 스쳐 지나치는 경우도 있습니다. 그냥 지나치고 나면 무언가 불자로서 예의가 아닌 것 같고, 또 '내가 이러고서도 불자라고 할 수 있나' 하는 생각이 들 때가 많습니다.

거리나 공공장소에서 스님을 만났을 경우엔 합장하는 습관을 길러봅시다. 불자로서 거리에서 스님을 만났을 적에 합장하는 것은 당연한 일인데 선뜻 합장하지 못하는 것은 습관화되지 않았기 때문입니다.

예컨대 불교국인 태국이나 미얀마에서는 거리에서 스님을 만나면 알든 모르든 대부분 합장한다고 합니다. 오랜 문화적 전통이겠지요. 우리 역시 어색하더라도 한두 번 자꾸만 연습하게 되면 자연스럽게 합장하게 될 것입니다. 물론 우리 불자들이 모두 다 함께 한다면 빠른 속도로 정착되겠지요.

한 예로 1980년대 초반에 '승용차에 염주 걸고 다니기 운동'이 있었습니다. 불자들이 처음엔 좀 멋쩍어 하다가 너도나도 걸고 다니니 2~3년 사이에 완전히 정착되었습니다. 요즘엔 불자라면 대부분 승용차에 염주를 걸고 다닙니다. 윤창화

18

불자라면 신도증을 꼭 만들자

신도는 일반적으로 '부처님의 가르침을 믿는 재가자'를 말합니다. 신도가 되기 위해서는 불교에 입문하여 일정한 사찰에 소속되어 삼보에 귀의하고 오계를 수지하며 사찰과 스님을 외호해야 합니다. 그리고 특정 종단의 신도를 종도(宗徒)라고 하지요. 말하자면 대한불교조계종 소속 사찰의 신도는 조계종도인 셈이지요. 태고종이나 천태종 소속 사찰의 신도면 태고종도나 천태종도가 되는 것이고요.

불자도 신도와 거의 유사한 말이지만, 불자가 신도보다 더 광범위하게 쓰이고 있습니다. 굳이 차이를 둔다면 불자는 부처님의 가르침을 따라 살아가는 사람 일반을 말하고, 신도는 특정한 절에 소속되어 신행활동을 하는 사람이라고 표현할 수 있습니다. 그리고 신도들이 신행활동을 하는 근본 도량을 재적사찰이라 합니다.

신도증은 해당 불자가 특정 종단에 소속되어 있는 사찰의 신도임을 증명하는 일종의 증명서입니다. 불자라면 적어도 신행활동을 하는 해당 재적사찰에 신도등록을 하고 신도증을 발급받아야 합니다.

대한불교조계종에서 신도등록을 하고 신도증을 발급받는 절차는 이렇습니다. 일단 자신이 신행활동을 하고자 하는 사찰에 가서 입교 안내를 받습니다. 이러한 입교 안내를 통하여 불자로서의 기본예절이라든가, 사찰생활과 활동, 그리고 신도 등록 절차 등을 소개받습니다. 입교 안내가 끝나면 기본교육을 받습니다. 기본교육의 내용은 사찰의 의미와 역할, 사찰예절, 부처님의 생애, 불교의 중심 가르침, 불자로서의 신행활동 등으로 짜여 있습니다.

기본교육 시간은 최소 12시간 이상으로 사찰의 환경과 교육여건에 따라 3개월에서 6개월까지 다양하게 실시됩니다. 기본교육을 마치면 수계를 받고 소속 사찰을 자신의 재적사찰로 삼아 신도등록 절차를 거치게 됩니다. 이에 따른 구비 서류는 신도등록 신청서와 사진 2매이며, 교무금 10,000원을 납부해야 합니다.

조계종의 경우, 신도증 발급과 관련된 신도등록 사업은 종단의 미래가 걸려 있는 매우 중요한 일입니다. 조직화된 신도들이 큰 힘으로 결집할 때, 해당 사찰과 종단은 비약적인 발전을 할 수 있는 토대를 구축할 수 있습니다. 나아가 이러한 신도 조직의 힘은 사회의 바람직한 가치를 형성하는 데 중요한 역할을 하기 때문에 사회적으로도 큰 의미가 있습니다.

또한 신도는 매년 10,000원의 교무금을 납부하는데, 이 중 5,000원은 해당 사찰에 귀속되고 나머지 5,000원은 종단으로 돌아갑니다. 만약 100만 명의 신도가 매년 교무금을 납부하면 종단적으로는 1년에 50억이라는 삼보정재가 비축되는 셈입니다. 이러한 삼보정재로 종단에서는 신도들을 위한 다양한 시설과 서비스를 제공합니다. 개별 사찰 차원에서도 1,000명의 신도가 교무금을 납부한다면 매년 5백만 원 정도가 축적되므로 이것으로 신도들을 위한 여러 가지 유용한 불사를 진행할 수 있습니다. 따라서 신

도 교무금은 해당 사찰은 물론이고 종단이나 한국불교 발전에 커다란 밑거름이 될 수 있을 것입니다. 이러한 여러 가지 유익한 불사를 이루는 데 신도등록 사업이 중요한 역할을 하므로 불자들은 반드시 신도증을 만들어야 합니다. |고명석|

19

기왕이면 같은 불자에게 도움을 주자

우리가 세상을 살면서 똑같은 종교를 가진다는 것은 하나의 인연입니다. '옷깃만 스쳐도 인연'이라는 말이 있듯이, 인연이란 전생부터 시작된 것일 수도 있고, 금생에 만들어진 인연일 수도 있습니다. 같은 시대에 같은 종교를 믿고 살아간다는 것은 깊은 인연이 아닐 수 없습니다.

우리는 사업이나 사회생활을 하다 보면 많은 사람들을 만나게 됩니다. 학교 선후배 간이 되는 경우도 있고 고향이 같은 경우도 있고 종교가 같은 경우도 있습니다. 사소한 것 같지만 이런 인연이 때론 사업으로 연결되는 경우도 많습니다.

그러나 이 경우에도 우선은 공적인 입장에 있어야겠지요. 비록

저 사람이 나와 종교가 같다고 해도 맡긴 일을 잘 처리할 수 있을지? 문제점은 없는지 등등. 결국은 업무관계, 일, 사업관계이므로 업무적 사업적 고려가 우선되어야 합니다. 그런데 모든 여건들이 거의 다 같다면 기왕이면 같은 불자에게 일을 맡기거나 같은 불자에게 도움을 주자는 것입니다.

사실 우리 불교인들은 같은 불자에게 일을 맡기려고 하는 생각이 좀 부족한 것 같습니다. 상부상조하는 공동체의식, 협동정신이 좀 부족한 편입니다. 물론 같은 불교인이라고 해서 무조건 맡길 수는 없겠지요. 그러나 비슷하다면 불자가 운영하는 곳과 거래하

자는 것입니다. 서로 도움을 주자는 것입니다.

　기독교인들을 보면 그들은 하다못해 방앗간도 자기 교회에 다니는 사람이 운영하는 곳으로 갑니다. 물론 그들의 경향은 때론 지나친 점도 있습니다. 그러나 불교인들의 협동정신, 단결심, 공동체의식은 너무 박약한 편입니다. 조금은 서로 주고 받는 형태가 이루어진다면 더 좋지 않을까 생각합니다. 같은 불자끼리 서로 도움을 준다면 그것이 바로 부처님 은혜가 아닐까요.

　다만 우리 불자들이 주의해야 할 점은 일을 맡았을 때엔 정성을 다해야 한다는 것입니다. 같은 불자라고 해서 그 쪽에다가 일을 맡겼는데 막상 해 온 일이나 상품이 좋지 못할 경우엔 실망하게 됩니다. 한번 실망하게 되면 다음부터는 회피하게 되겠지요. 또 스님들께서도 반드시 같은 불자들에게 맡겨야 합니다. |윤창화|

20

법회에 자주 참석하자

법회(法會)가 열리는 곳은 부처님의 법음이 울려퍼지는 진리의 도량입니다. 법회는 부처님의 가르침을 배우고 체험하는 거룩한 시간이며, 불자로서 생활을 점검하고 삶의 자세를 가다듬는 중요한 신행활동이지요. 법회 시간에 법사 스님께 마음을 맑히는 법문을 듣고 발심을 촉발하며 불자로서 살아가고 있는 것에 대한 깊은 환희심을 느끼게 됩니다.

또한 법회 때는 불보살님을 찬탄 공경하고 기도나 수행을 하며, 내일을 향한 힘찬 발원을 세우게 됩니다. 따라서 불자라면 당연히 기쁜 마음으로 법회에 참석하여 부처님께 정성스러운 마음으로 참배하고 부처님의 가르침에 귀 기울여야 합니다.

수행은 부처님의 가르침을 배우는 법문을 듣는 것으로부터 시작합니다. 부처님 가르침이 무엇인지 모르고 수행하게 되면, 잘못된 길로 빠질 수 있으며 삿된 아집으로 채색된 길을 걸을 수도 있습니다. 법회 시간은 이렇게 우리 불자들에게 소중한 가치를 심어 줍니다.

그래서 법회는 불자로서 생활을 점검하고 삶의 자세를 가다듬는 중요한 신행활동의 하나로 오래전부터 여러 나라에서 행해져 왔습니다. 그런데 우리 불자들의 법회 참석률을 보면 낯부끄럽다 할 정도로 매우 저조합니다. 일 년에 한 번 부처님 오신날만 참여하는 불자들도 상당수입니다. 이제부터라도 불자들은 매주 토요일이나 일요일 정기법회에 지속적으로 참여해야 하며, 각종 재일법회나 특별법회에도 자주 참석해야 합니다. 이렇게 될 때 진정 한국불교가 발전하고 활발하게 움직이게 되는 중요한 기반을 다지게 될 것입니다.

법회는 부처님의 정법을 배우고 익히며, 삶의 모습을 가다듬는 자리이기 때문에 항상 경건한 마음가짐과 돈독한 신심을 가지고 동참해야 합니다. 그리고 설법을 들을 때는 항상 부처님을 대신해서 법사가 설하는 것이니 만큼 경솔한 마음을 내서는 안 됩니다.

또한 법을 듣는 청법의 공덕에 대해 『견의경』에서는 다음과 같이 말합니다.

"부처님께서 아난에게 이르셨다. 마음씨 착한 사람이 있어서 부처님의 밝은 가르침을 듣고 마음을 오로지 하여 받아들이는 경우 단 하루면 하루라도 좋고, 하루가 안 되면 반나절이라도 좋고, 반나절이 안 되면 한 시간도 좋고, 한 시간이 안 되면 반 시간도 좋고, 반 시간도 안 되면 수유도 좋으니, 그것만이라도 그 복은 헤아리지 못하고 말로 나타내지 못할 만큼 크도다."

특히 복잡한 현대사회에서도 법회의 가치는 한층 중요합니다. 자신의 진정한 모습을 찾기보다는 재물과 명예 욕망 등 물질을 따르며 살다 보니 항상 불안하며 가슴 깊은 곳에 서려 있는 허전한 마음을 달랠 길이 없습니다. 법문과 법회의식은 이러한 현대인의 마음을 달래 주어 마음의 안정과 진정한 휴식을 가져다 줍니다. 마음의 갈등을 잠재우고 모든 것을 비워낸 그 자리에서 참다운 쉼과 행복, 그리고 평온이 찾아오기 마련입니다. 그렇다면 법회가 열리는 때는 현대인들에게 무엇과도 바꿀 수 없는 소중한 시간으로 다가오게 될 것입니다. 그러므로 불자들은 정기법회는 물론 각종 법회에 자주 참석해야 할 것입니다. |고명석|

21

항상 신도증을 소지하자

신도증을 만들었으면 그것을 장롱 속에 보관하지 말고 절에 갈 때는 물론이고 항상 지참하고 다니는 게 좋습니다. 왜 그래야 되는지 그 이유를 말씀드리겠습니다.

첫째, 대한불교조계종의 경우 신도증을 지니고 다니면 해당 재적사찰은 물론 어느 관람료 사찰을 가든 입장료를 면제받을 수 있습니다.

이와 관련하여 필자가 종종 겪는 얘기를 들려 드리겠습니다. 주변의 친구나 친척들이 하나같이 저에게 하는 말이 있습니다. "너는 종단에 근무하고 있으니 신도증좀 만들어 줄 수 없겠니?" 하고 부탁하는 것입니다. 왜 그런지 아세요? 그 이유는 단 하나,

관람료를 받는 절에 갈 때 신도증이 있으면 입장료를 면제받기 때문이지요. 그 입장료를 아껴보자고 신도증을 가짜로 만들어 달라고 전화도 가끔 하고, 만날 때마다 단골 메뉴처럼 잊지 않고 얘기합니다. 재적사찰을 정해 신도등록을 하고 신도증을 받으라고 누누이 말하지만 그건 잘 통하지 않습니다.

요즘 국립국원 입장료 폐지와 맞물려 사찰에 들르지 않고 등산만 하려는 등산객과 사찰 사이에 입장료 문제로 얼굴을 붉히는 일이 간혹 벌어집니다. 신도라면 이런 사람들에게 사찰의 영역은 경내지 뿐만 아니라 사찰 주변의 문화 환경이나 역사 환경도 포함한다는 사실을 설명해 주고, 기왕이면 불자가 되길 권유하여 해당 사찰의 신도로 만든다면 얼마나 좋겠습니까.

둘째, 신도증을 지니고 다니면 그 절의 신도임을 당당하게 증명하고, 절의 신도로서 자부심을 느낄 수 있습니다. 신도들은 절의 손님이 아니라 주인입니다. 신도가 절에서 주인의식을 가지게 되면 절에 대한 남다른 애정이 쌓이며 사찰행사라든가 그 사찰에서 행하는 대사회적 봉사활동에 적극적으로 참여하게 됩니다. 신도증은 여기에 대한 상징적인 역할을 부여합니다.

셋째, 자신의 재적사찰을 방문한 외부 사람들에게 사찰을 친절하게 안내해 줄 수 있습니다. 절을 처음 찾는 낯선 방문자에게 자신이 이 절 신도임을 증명하는 신도증을 가슴에 달고 사찰 안내와 이 절의 신도로서 신행생활에서 느끼는 행복한 점을 설명해 준다면 확실한 신뢰가 쌓일 것입니다.

넷째, 신도증을 지니고 다님으로써 해당 종단이나 사찰에서 제공하는 다양한 혜택을 받을 수 있습니다. 그 밖에 일상생활에서도 신도증을 지참하고 다님으로써 해당 재적사찰의 신도로서 그리고 특정 종단의 종도로서 자부심을 느낄 수 있을 것입니다. |고명석|

22

스님들에 대한 비판적인 말을 삼가하자

현대 사회는 개인의 취향 개성은 물론이고 언론의 자유도 활짝 열려 있습니다. 언론의 자유란 비판의 자유입니다. 비판적인 문화가 정착되어야 정치 사회 경제 등이 건전하게 발전할 수 있습니다.

우리 불교도 그 어느 종교보다도 비평과 비판의 자유가 열려 있습니다. 비판 없는 발전은 있을 수 없다는 측면에서 매우 좋은 현상이라고 할 수 있습니다. 비평 또는 비판을 할 적엔 논리적이고 합리적이어야 하며, 애정을 갖고 건전해야 하며, 발전적인 대안을 제시해야 하겠지요.

그런데 요즘 인터넷 카페나 홈페이지 등에 올라오는 글을 보면

비평이나 비판을 지나서 비난에 가까운 글이 종종 있습니다. 또는 사석에서 어떤 스님에 대하여 이러쿵저러쿵 비난하는 경우도 좀 있는 것 같습니다.

불자로서 불교를 걱정하는 마음은 누구나 같은 마음이겠지요. 아마 그런 마음이 좀 과도하다 보니 비판도 하게 되고 때론 비난에 가까운 말도 하게 된다고 봅니다. 건전한 비판은 불교발전에 도움이 되므로 나쁘다고 할 수는 없습니다만, 원색적인 비판이나 지나친 언어나 비난조의 글은 좀 자제했으면 합니다.

특히 음식점이나 찻집 등 여러 사람이 모여 있는 공공장소에서 불교나 사찰, 스님들에 대한 비판적인 이야기는 가능한 절제했으면 합니다. 그런 장소에서는 일반인들이나 타 종교인들이 듣게 되고, 그들은 그 말을 더 확대 왜곡시켜서 악용할 소지가 높기 때문입니다. 부득이 이야기해야 할 경우에도 점잖은 용어를 선택하여 조용하게 이야기하는 것이 좋겠습니다.

물론 비판을 하는 데에는 남다른 애정이 있기 때문일 것입니다. 그러나 그것은 조용한 장소에서 이루어져야지 공개된 장소에서 떠들어서는 곤란하다고 봅니다. 비판은 아무래도 비난으로 치솟을 가능성이 높기 때문입니다.

또 너무 비판 일변도로 달리다 보면 그것도 어느새 습관이 되어 그 사람 입에서 나오는 말은 늘 비판 일색이 되기 쉽습니다. 비판적인 측면에서 보면 자신은 물론 누구나 다 그 대상이 될 수 있지 않겠습니까. 사랑이 지나치면 애정이 되고 아낌이 지나치면 인색이 되는 것처럼 비판도 지나치면 비난이 되기 쉽습니다.

스님들에 대한 비판은 1950년대 중반 대처승과 비구승 싸움 때 극에 달했습니다. 사찰을 놓고 스님들이 서로 싸우니 비판의 목소리가 나올 수밖에 없지요. 그 이후에도 주지, 총무원장 등 종권문제로 많은 싸움이 있었습니다. 그 싸움이 가장 극에 달했던 것은 1990년대 중반에 일어난 종권다툼입니다. 스님들께서 각목을 들고 대낮에 조계사 앞 4차선 대로(大路)에서 싸우니까 어떻게 좋은 이야기가 나오겠습니까?

불자들의 비판에 대하여 스님들께서도 못내 괘씸하시겠지만, 주지나 총무원장 자리를 놓고 뉴스에 오르내리는 일은 절대 없었으면 합니다. 중생들을 제도하셔야 할 스님들께서 싸우신다면 그것은 바로 불자들의 가슴에 커다란 실망을 안겨 주는 일입니다. 또 하나의 고통을 제공하는 것입니다. 윤창화

23

일정하게 다니는 소속 사찰을 정하자

우리나라 사찰은 약 13,000여 개가 됩니다. 최대 종단인 조계종을 비롯하여 태고종 천태종 등 모든 종단을 합한 것이지요. 적은지 많은지는 알 수 없지만 교회 숫자에 비하면 10분의 1정도에 불과합니다.

또 불교를 믿는 신도들은 약 천만 명이 된다고 합니다. 그러나 적어도 한 달에 한 번 이상 절에 나가는 사람들을 기준했을 때 불교신도는 많아야 500만 명 정도일 것입니다.

그런데 우리 불자들의 신앙행태를 본다면 교회처럼 일정하게 정해 놓고 다니기보다는 이 절 저 절 들쑥날쑥 다니는 경우가 많은 것 같습니다. 바꾸어 말하면 이 절 저 절 두루 많이 다니는 하지만 꼭 한 사찰을 정해 놓고 다니지는 않는다는 것입니다. 소속된 사찰이 없다는 것이지요.

소속된 사찰이 없으면 우선은 신앙심이 돈독하지 못하게 됩니다. 들쭉날쭉 필요할 때만 절에 나가게 되기 때문에 불교에 대한 이해나 불교에 대한 공부도 대충대충 하게 됩니다. 또 애착심이 없게 되고 애착심이 없으면 결국 불교에 대한 믿음을 그만두게 됩니다.

소속된 절이 있을 경우 우선은 '이 절은 내가 다니는 절' '우리 절'이라는 생각 때문에 더 열심히 다니게 되고, 또 거기서 많은 분들을 만나면서 친목도 갖게 되겠지요. 가족들도 점점 동화되어 결국은 온 가족이 그 절을 다니게 됩니다.

또 불교에 대하여 궁금한 것이 있으면 언제나 스님께 여쭈어 볼 수도 있고, 집안에 불미스러운 일이 생기면 상담할 수도 있고, 특히 부모님 상(喪)을 당했을 경우에는 그 절에서 불교식으로 장례를 치를 수도 있기 때문입니다.

옛말에 "우물을 파도 한 우물을 파야 된다"는 속담이 있는 것처럼 절에 다니는 것도 한 곳에 집중적으로 다녀야 애정도 생기고 신앙심도 깊어집니다. 또 불교에 대한 교육, 신도교육도 체계적으로 받을 수 있습니다. │윤창화

•**종단** | 불교의 각 종파를 말합니다.

24

불자로서 품위 없는 행동을 하지 말자

그 사람 얼굴과 행동을 보면 그 사람의 마음을 읽을 수 있다고 했습니다. 마음이 고요하고 평정을 잃지 않으면 그 사람의 얼굴 표정이나 행동, 말에서 기품이 있고 부드러운 향기를 느끼기 마련이지요.

반면 품위 없는 행동이나 거친 말을 함부로 쓰는 사람을 보면 일단 피하고 싶어집니다. '뭐 저런 사람이 다 있나' 하면서 경멸의 눈초리를 보냅니다. 더군다나 불자로서 그런 품위 없는 행동을 한다면 불교를 욕보이기도 하는 것이므로 자신을 위해서나 불교를 위해서나 전혀 도움이 되지 못하지요. 종교생활에서 기품이 있고 차분한 모습이 얼마나 중요한지 그 사례를 한번 보도록 하겠습니다.

부처님 십대제자 중 한 사람인 사리불 존자는 역시 부처님 제자였던 '앗사지(Assaji)'의 기품 있는 모습을 보고 부처님께 귀의한 대표적인 사람입니다. 사리불 존자는 앗사지가 가사를 단정히 차려 입고 발우를 들고 왕사성에서 걸식하는 모습을 보았는데, 그의 나아가고 물러서고 앞을 보고 뒤를 보고 의젓하게 허리를 펴는 모습, 그리고 눈은 땅으로 향한 그윽한 모습에서 마음에 울림이 왔습니다. 그래서 이러한 수행승을 둔 스승이 어떤 가르침을 주었기에 저런 모습을 간직하고 있는가 궁금하여 그 가르침을 묻고 마침내 사리불은 부처님 제자가 됩니다. 이렇게 품위 있고 고고하고 위엄이 있는 모습은 사람의 마음을 사로잡기 마련입니다.

단정하고 절도 있는 걸음걸이와 몸가짐, 단아한 태도, 겸손하고 하심하는 모습은 주위 사람들에게 물무늬 같은 파장을 안겨 '도대체 저 사람이 믿는 종교가 어떤 것이기에 저런 모습을 할까' 하면서 사람들이 주의와 관심을 기울이게 됩니다.

그런데 품위 있고 예절바른 행동은 못할망정 불자라는 사람이 상스러운 말을 거침없이 하거나 행동을 제멋대로 하게 되면 정말 눈에 거슬리고 같은 불자로서 부끄러운 마음이 들기까지 합니다.

특히 법당이나 공공의 장소에서 좋은 자리를 차지하려고 다투는 모습이라거나, 남이 먼저 올린 초와 향을 빼고 자신이 준비한

마음이 고요하고
품위있는 불자에게서는
아름다운 향기…
부드러운 향기…
수행의 향기가 납니다.

것으로 바꾼다거나, 아는 사람의 자리를 잡아둔다거나, 자신이 단 연등을 부처님 앞에 더 가까이 달아달라고 떼쓰는 모습 등은 일신상의 편리함이나 자신의 조그마한 복만을 바라는 지극히 이기적인 모습이 아닐 수 없습니다. 물론 스스로 잘 보이고 싶은 마음은 누구에게나 있기 마련이지만 나보다 남을 먼저 배려하는 겸손하고 양보하는 마음이 우선되어야 합니다. 그리고 자기 입장만 관철시키기 위해 언성을 높이거나 남 상관할 바 아니라는 식으로 자기 주장을 내세우는 모습 등도 모두 불자로서 경계해야 할 일입니다.

| 고명석 |

25

손목에 단주를 착용하자

불교를 상징하는 물건, 즉 성물(聖物)로 목탁·염주·범종·법륜·불기(佛旗) 등 여러 가지가 있습니다만, 그 중에서도 염주가 가장 으뜸일 것 같습니다. 염주(念珠)는 108번뇌를 상징하지요. 손가락 끝으로 정신을 집중시켜서 한 알씩 넘기다 보면 어느새 번민이 사라집니다.

염주는 원래 인도에서 자라는 보리수나무의 열매로 만든 것입니다. 석가모니 부처님께서 보리수나무 아래에서 깨달음을 얻었기에 그 나무가 신성시되었고, 그 열매로 108번뇌를 상징하는 염주를 만든 것이지요. 그런데 중국이나 우리나라에서는 보리수나무가 자라지 못하므로 비슷하게 생긴 다른 나무의 열매나 구슬로 염주를 만들기도 합니다.

염주(念珠)의 종류로는 108염주·1080주(珠)·54개 이하로 묶은 단주(短珠)·합장주 등 여러 가지가 있습니다. 108염주는 주로 108참회를 할 때 수(數)를 세기 위하여 사용하는 것인데 목에 많이 걸고 다니지요. 1080주는 주로 기도할 때 쓰는 것이고, 단주나 합장주는 손목에 차는 것입니다.

불교인들이 자신의 손목에 단주를 차고 다니는 것은 비교적 신심이 돈독한 사람들입니다. 또한 단주를 손목에 차는 것은 자신이 불교인이라는 것을 표시하는 방법이기도 합니다. 손목에 단주를 착용하면 마음이 편안해지고 차분해집니다. 마음 속으로 부처님의 가피를 느낄 수가 있지요.

마음이 답답하거나 불안할 때에 손목에 차고 있는 단주를 꺼내서 굴리면 마음이 편안해 집니다.

단주는 액세서리로도 매우 좋습니다. 물론 손목의 액세서리라면 당연히 팔찌 등 보석 종류겠지요. 그러나 보석 대신 단주를 차는 것도 꽤 좋아 보입니다. 오히려 사색적이기도 합니다. 특히 남성 불자들이 손목에 단주를 차고 다니는 것을 보면 매우 좋아 보입니다.

　단주나 합장주는 통상 오른쪽 손목에 많이 착용합니다. 그러나 이는 오른 손잡이가 많기 때문이고, 어느 쪽으로 차든 상관이 없습니다. 요즘에 나오는 단주는 종류도 여러 가지이고 모양새도 좋은 것이 많이 있습니다. 마음이 답답하고 불안할 때 손목에 차고 있는 단주를 꺼내서 굴리면 편안해집니다. 단주를 굴리는 데 마음이 집중되어서 곧 안정을 되찾게 되지요.

　요즘은 직장도 사회도 그리고 가정도 과거와는 달리 인간관계가 매우 복잡합니다. 너도 나도 이익을 추구하고 출세를 하려고 하다 보니 극도로 개인주의적입니다. 남을 밀어내야 사는 세상으로 변했지요. 서로 경쟁을 하다 보니 살아가기 힘든 세상이 되었습니다. 이런 세상일수록 주관이 있어야 합니다. 세상의 속된 가치관(돈, 출세)에 너무 휩쓸리지 말아야 합니다. 윤창화

26

절하는 방법을 제대로 알자

절은 온몸과 마음을 다하여 존경하는 마음을 내는 것입니다. 그렇기 때문에 절하는 것도 법도에 맞게끔 해야 합니다. 사실 절하는 모습만 봐도 그 사람이 어느 정도 자신을 낮추는 하심(下心)이 되어 있고 존경의 마음을 품고 있는가를 알 수 있을 정도로 그 절차와 몸가짐이 중요하지요.

불교에서 말하는 '절'에는 합장하고 허리를 숙이는 반배(低頭라고도 함)와 오체투지(五體投地)라는 큰절이 있습니다. 오체투지란 두 무릎과 두 팔꿈치 그리고 이마의 다섯 부분을 바닥에 착 붙이고 절을 하기 때문에 그렇게 부르는 것이지요. 그리고 큰절을 올릴 때는 우선 합장 반배를 하게 되는데, 이 합장과 반배를 따로

1. 합장 반배(저두)

2. 무릎을 구부리고 꿇어 앉기

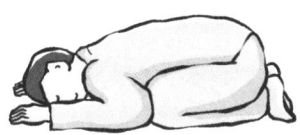
3. 이마가 바닥에 닿도록 엎드리기

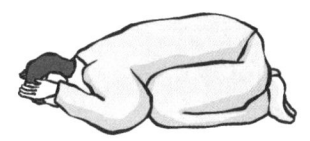
4. 양손바닥을 위로하여 귀밑 높이까지 올리기(접족례)

5. 절의 맨 마지막에 올리는 고두례. 합장한 손을 코끝에 닿을 정도로 한 다음 손바닥을 다시 짚고 이마를 바닥에 대고 일어서기

6. 합장한 자세로 일어서기

불자생활백서 99

떼어 그것도 절의 한 형태로 취급하기도 합니다.

그럼 절을 하는 절차를 보겠습니다. 먼저 합장 반배를 합니다. 합장 반배(저두)가 끝나면 일반적으로 우리가 절하는 식으로 진행하되, 불교식 법도에 맞게끔 절을 합니다. 우선 합장하고 허리를 세운 상태에서 무릎을 구부리고 꿇어앉습니다. 이때 무릎은 어깨 너비로 자연스럽게 벌리고 양발 뒤꿈치는 모아 세워 엉덩이에 닿도록 합니다. 양 발가락으로 바닥을 받치고 균형을 잡습니다.

그 다음엔 꿇어앉은 자세에서 두 손으로 바닥을 짚으면서 동시에 이마가 바닥에 닿도록 엎드립니다. 바닥을 짚을 때 손과 손 사이는 머리가 들어갈 정도의 간격으로 손끝을 15도 정도 약간 안쪽으로 오므려 줍니다. 이때 손가락은 벌어지지 않도록 합니다. 그리고 발 모습은 오른발 위에 왼발을 X자 모양으로 올려놓습니다. 되도록이면 온몸이 바닥에 닿을 듯한 기분으로 납작 엎드리며 절대 엉덩이를 들지 않습니다. 엉덩이를 엉거주춤 들고 있는 모습은 정말 보기에 안 좋지요.

이어 접족례(接足禮)를 올리는데 이것이 일반적인 절과 다른 불교 특유의 절하는 특징이랍니다. 접족례란 손으로 부처님 발을 들어 올리듯 예를 표하는 것으로 양 손바닥을 위로 하여 귀밑 높이까지 올리면서 부처님 발을 조심스럽게 들어 올려 내 머리를 부처님 발에 댄다는 기분으로 합니다. 이것 역시 예를 받는 부처님이나 상대방의 가장 낮은 발에 극진한 정성을 표하는 동시에 자신을 낮추는 하심의 표현입니다.

접족례를 끝내면 곧바로 허리를 편 채 합장한 자세로 일어섭니다. 이때 주의할 것은 엉덩이부터 일어나면 안 된다는 것입니다. 그것은 부자연스럽고 보기에도 좋지 않으며 몸에 무리가 가기 마련입니다. 이렇게 해서 한 번의 절하는 과정이 끝납니다.

그리고 3배를 하든 108배를 하든 절을 마치면서 마지막으로 유원반배(唯願半拜)를 올립니다. 이것을 다른 말로 고두례(叩頭禮)라고도 합니다. 머리를 조아려 예를 표하는 의미이지요.

그 절차는 이렇습니다. 접족례를 한 뒤 머리를 자연스럽게 어깨 높이로 들고 손을 합장하여 그 합장한 손을 코끝에 닿을 정도로 한 다음 손바닥을 다시 짚고 이마를 바닥에 대고 일어서는 것입니다. 이러한 고두례는 절의 맨 마지막에 한 번 올리는 것으로써 절을 무수히 한다 해도 부처님에 대한 존경의 표시를 모두 다 하지 못하기 때문입니다. 아무리 절을 해도 존경심을 다 담아내지 못하고 더 많이 절하고 싶으나 이만 그친다는 아쉬움의 표현인 것이지요. |고명석|

27

항상 합장하는 습관을 갖도록 하자

언젠가 텔레비전에서 시인이자 유명한 사회활동가를 본 적이 있습니다. 그는 불자는 아니었습니다. 그가 행사를 마치면서 사람들에게 공손하게 합장하며 인사하는 것이었습니다. 그 단정한 자세하며 합장하는 모습이 참 아름다워 보였습니다.

합장이란 양 손을 합쳐서 하나로 모아 나의 모든 마음과 힘을 기울여 상대방에게 존경하는 마음을 내는 것입니다. 인도 사람은 길을 걷다가 아는 사람들을 만나면 합장하면서 '나마스 떼' 라고 말합니다. 인사하면서 '당신에게 귀의한다' 는 것이지요. 귀의한다는 것은 그대에게 나의 온 생명을 바친다는 것이지요. 그렇게 믿고 따른다는 것입니다. 부처님에게만 내 마음을 다 바쳐 귀의하는 것이 아니라 모든 사람에게 인사하면서 그렇게 하는 것입니다.

사실 나 자신을 비롯한 모든 사람들은 부처님 마음을 지닌 소중한 사람들입니다. 그러니만큼 우리는 '나마스 떼'라고 말은 하지 못할망정 진실한 마음을 모두 모아 상대방에게 합장하고 인사해야 할 것입니다.

그렇게 불자들끼리는 물론 불자가 아닌 다른 사람들에게 합장으로 인사한다면, 그것은 나 자신이 불자임을 드러내는 것이기도 하고, 상대방을 부처님처럼 존경하는 것이기도 합니다. 그리고 이

누구든지 서로 인사를 나눌 때는 합장을 합니다. 우리 모두는 부처님 마음을 지닌 소중한 존재니까요...

렇게 합장한 자세로 정성스럽게 인사를 하면 나 자신의 마음이 안정되는 것은 물론 그런 정성스런 마음을 받아주는 상대방도 기분이 흡족하기 마련입니다.

우리 불자들은 절에서 스님이나 도반들을 보면 합장을 자연스럽게 합니다. 그런데 절 밖에서 도반들을 만나면 합장하는 것을 어색해 합니다. 뭔가 멋쩍어 보이는 모양입니다. 하물며 같은 불자가 아닌 친구나 친척 또는 처음 보는 사람이나 아는 사람들에게 합장으로 인사한다는 것은 더욱 어색해 보일지도 모릅니다.

그런데 생각해 보세요. 이 글의 서두에서도 꺼냈지만, 불자가 아닌 그 사람도 그렇게 자연스럽게 합장하지 않습니까? 그 모습이 얼마나 아름다워 보입니까?

그러니 전혀 어색해 할 필요가 없습니다. 일단 두려워 말고 해 보십시오. 한 번 두 번 그렇게 해 보면 일상생활 속에서 합장이 자연스러워지고 몸에 배게 됩니다. 합장하며 미소를 머금고 인사하는 가정과 사회! 얼마나 보기 좋고 행복해 보입니까? 금방 웃음 꽃이 피고 자비로운 마음이 풍겨 나올 것 같지 않습니까? |고명석|

28

법문 시간에 잡담하거나 졸지 말자

　　법문 시간은 부처님 말씀을 스님이 대신 전하는 귀중한 시간입니다. 법문이란 우리들을 부처님 세계로, 진리의 세계로, 행복의 세계로 들어서게 하는 문입니다. 부처님의 고구정녕한 말씀을 듣고 갖가지 고통에서 벗어나 해탈의 세계로 들어서게 하는 문이 법문입니다. 그래서 부처님 말씀을 의미하는 법(法)과 문 문(門)자를 써서 법문(法門)이라 하는 것이지요.

　따라서 법문 시간에는 자신이 가지고 있는 모든 생각을 다 비워 내야 합니다. 그렇게 자신의 마음을 맑고 깨끗하게 한 상태에서 법문을 들어야 제대로 그 내용이 자신에게로 들어와 내 마음에 잘 간직됩니다. 법문을 말씀하기 전에 잠시 참가 대중들이 좌선한 채

입정(入定)에 드는 이유는 바로 이런 까닭 때문이지요.

그리고 법문은 부처님 말씀이므로 아주 소중하게 마음에 간직해야 합니다. 법문은 무엇보다도 먼저 우리가 간직해야 할 마음의 보물이라는 것입니다. 따라서 법문 시간에는 절대로 잡생각을 해서는 안 됩니다. 집이나 직장에서 일어났던 일이라든가, 자식이나 집안 걱정, 남편이나 부인 걱정, 친구 걱정, 고민거리 등등 잡생각을 떠올리지 말아야 하지요.

법문을 들을 때는 자신의 생각으로 법문을 잘 하느니 못 하느니, 법문이 지루하다거나 하면서 평가하고 재단을 하지 말아야 합니다. 그냥 법문을 있는 그대로 듣고 느끼면 될 뿐입니다. 법문에 오롯이 깨어 있는 것이 중요할 뿐이지요.

법문 내용이 잘못 되었다고 해서, 관심 밖의 것이라 해서, 흥미를 끌지 못해서, 혹은 흥미를 끌어서, 아는 내용이라 해서 주변 사람과 떠들어서는 안 되며 속삭이듯 말해서도 안 됩니다. 법문 중 이해가 잘 가지 않거나 납득할 수 없는 내용이 있으면 문답 시간에 정식으로 여쭈어 보는 것이 좋습니다.

간혹 법문 시간에 그렇게 떠들고 잡담하는 모습을 보면 너무나 보기 싫을뿐더러 주변을 소란스럽게 해 상대방에게도 피해를 줍니다. 그리고 그것은 부처님 대신 법문을 설하는 스님에 대한 예의에서도 크게 벗어나는 일입니다.

또한 법문 시간에는 졸아서도 안 됩니다. 잘 생각해 보세요. 스님께서 부처님 대신 내 앞에서 인생의 참다운 진리를 설하고 있는데 졸음이 오겠습니까? 정말 이 법문 시간은 부처님을 만나는 시간, 부처님의 말씀을 듣는 특별하고 둘도 없는 시간이라 여기고 정신을 바싹 차리고 법문을 들어야 할 것입니다. 고명석

부처님 말씀을 듣는 소중한 법문시간에
잡담을 하거나 졸거나 하면 안 됩니다.
오로지 법문에 집중할 수 있도록 깨어있기...

29

법문이나 강의 시간에는
휴대전화를 끄자

요즘은 휴대전화 없는 분이 없습니다. 어른들은 물론 심지어는 초등학생까지 갖고 있습니다. 우리나라 휴대전화 보급률이 세계 1위랍니다. 또 휴대전화가 가장 많이 개발된 나라이기도 합니다. 이제 우리 생활에서 휴대전화는 그 어떤 것보다도 없어서는 안 될 필수품이 되어 버렸습니다.

저 역시도 그렇지만 다른 분들도 휴대전화가 없으면 불안할 것입니다. 휴대전화를 안 갖고 나가면 모든 정보와 통신, 연락망이 차단되어 버린 느낌이 듭니다. 약속 시간 메모는 물론 그날그날의 일정도 입력되어 있고, 뉴스도 듣고 TV도 나오고 카메라 기능까지 갖추어져 있으니까요. 휴대전화 없이는 거의 외출을 못할 정도라고 보면 될 것입니다.

그런데 이처럼 만능에 가까운 휴대전화도 공해가 될 때가 있습니다. 지하철이나 버스, 사찰의 법당 등 실내에서는 결례(缺禮)가 되는 물건으로 돌변합니다. 이런 곳에서 휴대전화 소리는 공해가 됩니다. 매너모드로 돌려놓아도 계속 '드르륵 드르륵' 울리면 신경이 쓰일 수밖에 없습니다. 분위기를 완전히 망가뜨리지요.

법당에서 기도를 하거나 설법을 듣는 중에는 휴대폰을 꺼주시기 바랍니다.

특히 법당에서 기도나 설법을 하는 도중에 휴대전화 소리가 울려대면 그처럼 인상을 찌푸리게 하는 것도 없습니다. 한창 강의를 할 때는 더 말할 것도 없지요. 강의를 하고 있는 사람으로서는 말하고자 했던 것을 깜빡 잊어버리게 되고, 강의를 듣고 있는 사람도 집중을 할 수가 없습니다. 또 내 휴대전화에서 울리는 것인지 옆 사람 휴대전화인지 알 수 없어 머뭇거리다가 한참 울린 뒤에야 받게 됩니다. 본의 아니게 일순간에 '상식 없는 사람'으로 둔갑하는 것입니다. 그러므로 법문이나 강의를 들을 때는 처음부터 휴대전화를 꺼버리는 것입니다. 이미 강의를 들으러 올 때에는 급한 일은 대부분 처리는 해 놓고 왔을 것이고, 또 설사 강의나 설법중에 전화가 온다고 해도 일을 볼 수도 없습니다.

물론 다급하고 중요한 일일 경우에는 어쩔 수 없겠지만, 대부분 그다지 중요한 것도 아닙니다. 잠시 연락이 두절되었다고 해서 크게 탈날 일도 별로 없습니다. 다만 우리의 습관이 휴대전화 없이는 못 살다 보니 무언가 항상 중요한 일이 있을 것만 같은 기대 심리 불안심리 때문이 아닐까요. 이것을 '휴대전화 증후군'이라고 할 수 있을 것입니다.

아무리 좋은 물건도 그것을 사용하는 데에는 시간과 장소가 있습니다. 때를 택하여 사용하지 않으면 상식 없는 사람이 되어 버립니다. 언어도 마찬가지입니다. 적절한 장소, 분위기에서 맞는 언어를 사용하면 그 사람은 참 지적이고 고상해 보입니다. 그런데 부적절한 언어를 사용하면 이상하지요.

좀 다른 이야기입니다만 지난 해 제가 중국 황산에 갔었는데 같이 간 분 중에 휴대전화를 로밍해서 가지고 간 분이 있었습니다. 황산 정상에서 잠깐 쉬는데 사업관계로 전화가 온 것입니다. 국내에서 통화하듯이 말하는 것을 보고 신기하기도 했습니다. 요즘은 전세계 어느 나라에 가든 로밍이 되어 통화할 수 있다고 하니 정말 놀라운 일이 아닐 수 없습니다. 아마 부처님께서 휴대전화의 위력을 아신다면 "저것을 만든 사람은 깨달은 사람이었을 것"이라고 감탄하셨을지도 모릅니다. 윤창화

30

부처님 가르침을 누구에게나 전할 수 있도록 하자

부처님 가르침은 불교라는 종교에만 적용되는 말씀이 아니라 모든 인류에게 적용되는 보편적인 진리입니다. 거기에는 인생과 세계의 존재 원리가 명쾌하고 자상에게 실려 있습니다. 부처님 가르침은 일방적인 믿음만을 강조하지 않고 인생과 세계를 합리적으로 설명하고 있습니다.

그래서 요즘 들어 서양의 많은 사람들이 불교를 접하고 불교를 배우고 싶어합니다. 이제 서양 사람들도 불교를 모르면 지성의 반열에 오를 수 없게까지 되었으며 웬만한 대화의 자리에 끼일 수 없게 되었다고 합니다. 그 이유는 그들이 불교에서 인생의 참된 가치와 의미를 발견했기 때문이지요.

그런데 우리 불자들은 이러한 부처님 가르침을 전하는 데 인색한 것인지 자신이 없는 것인지 그다지 적극적이지 않습니다. 부처님 가르침을 전하는 것을 포교(布敎)라고 합니다. 사실 이 포교를 통해 불교가 인도에서 세계 각 지역으로 널리 전파되기에 이른 것입니다.

부처님께서는 가르침을 전하라고 다음과 같이 말씀하시고 계십니다.

"비구들이여! 자, 가르침을 전하러 떠나라. 많은 사람들의 이익과 행복을 위하여 세상을 불쌍히 여기고 사람들과 하늘나라 신들의 이익과 행복과 안락을 위하여 떠나라. 그리고 두 사람이 한 길로 가지 마라. 처음도 좋고 중간도 좋고 끝도 좋으며, 조리와 표현을 갖춘 가르침을 설하라. 또한 원만무결하고 청정한 수행의 길을 설하라. 사람들 중에는 마음의 더러움이 적은 자도 있으나, 법을 듣지 못한다면 그들도 악에 떨어지고 말리라. 들으면 그들도 법을 깨달을 것이 아닌가. 비구들이여, 나 또한 법을 설하기 위해 우루벨라의 세나니가마(장군촌)로 가리라."

- 《잡아함경》 권39권, 《승삭경》

이러한 부처님 말씀처럼 우리 불자들은 한 사람 한 사람이 포교사가 되어 내 주변 사람들에게 부처님 말씀을 전하도록 해야겠습니다. 대화로든, 편지로든, 이메일으로든 어떤 형식으로든 부처님 말씀을 들려 주어 어려움을 겪고 있는 이웃 사람들에게 희망을 전하는 데 솔선수범해야 합니다. 그렇게 하려면 나 자신부터 부처님 말씀을 잘 이해하고 간직하고 실천해야겠지요.

사실 진리를 알고 발견했을 때 얼마나 뛸듯이 기쁘고 환희롭습니까? 그때 그런 진리를 나 혼자만이 간직하기엔 너무 아까워 이웃에게 전할 마음이 나기 마련입니다. 그렇게 부처님 말씀을 여러 사람들에게 나누어 준다면 그 기쁨은 몇 배로 커질 것입니다.

그러니 홀로 부처님 가르침을 간직하지 마시고 틈만 나면 부처님 가르침을 누구에게나 전할 수 있는 적극적인 마음과 열린 마음을 가져야겠습니다. |고명석|

31

불교 입문서를 한 권 이상씩 읽자

우리가 종교를 믿는 것은 바로 나약한 나 자신 때문입니다. 종교의 힘은 사람을 강하게 만듭니다. 기도를 통하여 강한 에너지가 분출됩니다. 우리는 그 에너지를 바탕으로 삶을 더욱 윤택하게 합니다. 이것이 바로 종교의 힘이요, 가치입니다.

어느 종교를 막론하고 근본이 되는 가르침과 교리가 있습니다. 불교 역시 불교 신앙의 근본이 되는 가르침과 교리가 있습니다. 그것을 체계적으로 정리한 책이 불교 입문서, 또는 개론서입니다.

불교를 알자면 무엇보다도 먼저 입문서나 개론서를 읽어야 합니다. 입문서를 읽지 않고는 불교를 알 수 없습니다. 10년 20년 불교를 믿고 절에 다녔다고 해도 별도로 불교에 대한 공부를 하지 않았다면 그냥 막연하게 절에 다녔을 뿐입니다. 타인에게 불교에 대하여 설명할 수 없는 것은 당연한 일이지요.

좀 불쾌할런지 모르지만 우리 불자들을 본다면 대체로 간단한 부처님 생애나 교리, 가르침도 잘 모르는 경우가 많습니다. "불교가 어떤 종교냐"고 물으면 정확하게 설명할 수 있는 사람은 그리 많지 않습니다. 이것은 입문서를 읽지 않았기 때문입니다.

불교를 믿고 있으면서 불교에 대하여 전혀 모른다면 그것은 마치 목적지가 없는 여행과도 같습니다. 클래식을 좋아한다고 하면서 정작 클래식에 대해서는 아무것도 모르는 것과 같은 격이겠지요. "에이 나는 잘 몰라. 그냥 믿어." 이렇게 말하지만 내심 부끄러울 수밖에 없습니다.

처음 불교를 믿게 되었을 때에는 친구나 가족 등 여러 가지 인

불교가 무엇인지…
부처님 가르침이 무엇인지…
불교에 대한 바른 이해가 필요합니다.
아는 것이 힘… 바르게 알고 바르게 믿읍시다.

연으로 믿게 됩니다만, 믿게 된 이후부터는 '불교의 가르침은 무엇인지?' '불교를 믿는 목적은 무엇인지?' 그리고 '불교의 장점은 무엇인지?'를 알아야 합니다. 기왕 믿는다면 기본적 교리는 알고 믿어야 하는 것이 아니겠습니까?

입문서를 읽을 적에는 먼저 부처님 생애에 대한 책을 읽어야 합니다. 먼저 부처님이 어떤 분인지 알아야 합니다. 생애와 사상을 알고 나면 저절로 부처님을 흠모하게 됩니다. 다음엔 불교교리에 대한 입문서를 읽어야 합니다. 교리는 생애에 대하여 쓴 책에서 대략 소개되기도 합니다만, 그래도 체계적인 교리서를 한번 읽고 나면 더 잘 정리됩니다. 그리고 다음엔 불교의 일반적인 상식과 예의범절 문화예술에 대한 입문서를 읽어야 합니다. 이렇게 서너 종류를 읽고 나면 불교에 대하여 자신감을 갖게 됩니다.

대부분의 입문서가 교리와 생애, 사상을 한 책에서 다루고 있는 경우가 많습니다. 그리고 불교의 일반적인 상식이나 예절과 문화 등을 한 권으로 묶은 입문서가 있습니다. 적게는 한두 권, 많게는 서너 권만 읽으면 입문서 읽기는 마칠 수 있습니다. 차분히 읽으면 불교에 대한 기초적인 상식은 어느 정도 쌓을 수 있을 것입니다. 책 볼 시간이 없다고요? TV 보는 시간을 한 시간만 줄이면 됩니다. | 윤창화

32

오계는 반드시 외워서 실천하자

 불자가 되려면 반드시 삼귀의계와 오계를 받아야 합니다. 오계를 받게 되면 스님께서 법명을 주게 되지요. 법명을 받게 되면 이제 부처님 성품을 지닌 소중한 존재로서 새로운 생을 시작했다는 것을 의미합니다.

그런데 우리나라 불자들은 이러한 오계를 받아 지녀 외우고 실천하는 데 적극적이지 못합니다. 그 이유인즉 실천하기 힘들고 지키기 힘들며, 차라리 그럴 바에는 안 받는 것보다 못하다는 거지요.

계(戒)는 인간의 윤리적 행위로서 청정한 행위를 의미합니다. 따라서 우리가 계를 받을 때, 적어도 나는 불자로서 이렇게 살겠다는 마음을 내야 합니다. 그래야만 설사 잘못을 범했을 때도 내가 이러지 말아야지 참회하며 자신을 돌이켜 볼 수 있을 것입니다.

우리가 계를 받으면 계체(戒體)가 형성됩니다. 계체라는 것은 삿됨을 막고 악한 행동을 하지 않게 하는 '보이지 않는 힘'입니다. 이러한 계체는 계를 받는 사람의 마음에 남아 영향을 줍니다. 수계식의 목적은 이렇게 계체를 심어주는 데 있습니다. 이렇게 계체가 형성되면 '아! 내가 잘못을 저지르지 말아야 하겠구나' 하는 마음이 생기며, 잘못을 범하더라도 속히 참회해야 한다는 마음이 올라옵니다. 따라서 불자들은 오계가 무엇인지 반드시 외워 마음 속에 새겨두고 실천하도록 해야 합니다.

수계식
진정한 불자라면 오계를 받음으로써 부처님 성품을 지닌 소중한 존재로 새롭게 태어납니다. 오계는 반드시 실천하며 살아갑니다.

그 오계의 내용은 다음과 같습니다.

1) 불살생(不殺生) | 인간을 비롯한 모든 생명체를 파괴하지 않을 뿐 아니라 사람이며 동물들 그리고 뭇 생명을 보호하는 것입니다. 상대방에게 상처를 주는 폭력, 협박, 공포심도 살생의 간접적인 원인이 됩니다.

2) 불투도(不偸盜) | 남의 물건을 훔치지 말며 주지 않는 것은 빼앗지 않는 것입니다. 나아가 다른 사람의 재산을 소중하게 여기는 것입니다.

3) 불사음(不邪淫) | 건전한 성생활을 일컫습니다.

4) 불망어(不妄語) | 거짓말이나 이간질하는 말을 하지 않으며 아름다운 말을 사용하는 것입니다.

5) 불음주(不飮酒) | 술을 마시지 말라는 것입니다. 나아가 취하게 하는 음식이나 정신을 마비시키는 마약, 그 밖에 판단력을 흐리게 하는 중독성 음식을 먹지 말아야 한다는 것입니다. | 고명석 |

33

삼귀의, 사홍서원, 찬불가, 반야심경은 반드시 외우자

불자로서 갖추어야 할 조건이 몇 가지가 있겠습니다만, 그 중에서도 삼귀의, 사홍서원, 찬불가, 반야심경은 반드시 외워야 합니다. 이것은 사찰의 각종 행사나 염불에 자주 쓰이는 기본적인 것이기 때문입니다.

삼귀의는 불자로서 세 가지에 귀의한다는 뜻입니다.
1) 거룩한 부처님께 귀의합니다.
2) 거룩한 가르침에 귀의합니다.
3) 거룩한 스님들께 귀의합니다.

사홍서원은 불자로서 맹세하는 네 가지 큰 마음가짐입니다.
1) 중생을 다 건지오리다.
2) 번뇌를 다 끊으오리다.
3) 법문을 다 배우오리다.
4) 불도를 다 이루오리다.

찬불가는 부처님의 위대함을 찬양하는 노래입니다. 찬불가는 여러 곡이 있는데, 그 중에서도 「찬양합시다」「청법가」는 꼭 알아야 합니다. 이 두 곡은 사찰의 각종 행사나 법회 때 반드시 쓰이는 노래입니다.

반야심경은 다음과 같습니다.

마하반야바라밀다심경 관자재보살 행심반야바라밀다시 조견오온개공 도일체고액 사리자 색불이공 공불이색 색즉시공 공즉시색 수상행식 역부여시 사리자 시제법공상 불생불멸 불구부정 부증불감 시고 공중무색 무수상행식 무안이비설신의 무색성향미촉법 무안계 내지 무의식계 무무명 역무무명진 내지 무노사 역무노사진 무고집멸도 무지역무득 이무소득고 보리살타의 반야바라밀다 고

심무가애 무가애고 무유공포 원리전도몽상 구경열반 삼세제불 의반야바라밀다 고득아뇩다라삼먁삼보리 고지반야바라밀다 시대신주 시대명주 시무상주 시무등등주 능제일체고 진실불허 고설 반야바라밀다주 즉설주왈 아제아제 바라아제 바라승아제 모지사바하 (3번)

불교행사는 무슨 행사든 처음에 삼귀의를 합니다. 다음은 반야심경과 찬불가(「찬양합시다」 「청법가」)를 합니다. 그리고 마지막으

불교 행사나 법회 때 반드시 쓰이는 삼귀의, 사홍서원, 반야심경, 찬불가는 반드시 외웁니다.

로 사홍서원을 합니다. 이것이 모든 불교행사의 기본적인 식순입니다(순서는 행사에 따라 약간 차이가 있습니다).

삼귀의는 부처님과 그 가르침, 그리고 스님들께 귀의한다는 내용이고, 사홍서원은 네 가지 큰 맹세로써 '중생을 다 건지겠다' '번뇌를 다 끊겠다' '법문을 다 배우겠다' '불도를 다 이루겠다'는 내용입니다. 반야심경은 모든 것은 공(空)한 존재라는 것을 밝히고 있는 경전으로써 불교의 핵심을 압축한 것입니다. 찬불가는 부처님의 위대함을 찬양한 노래입니다.

1970~80년대만 해도 신도로서 삼귀의, 사홍서원, 반야심경, 찬불가를 할 줄 아는 분은 드물었습니다. 그러나 지금은 대부분 할 줄 압니다. 그런데 모든 불자들이 다 함께 삼귀의, 반야심경, 사홍서원, 찬불가를 할 줄 아는데 나 혼자만 멍하니 있으면 외톨이가 된 느낌이 들겠지요. 윤창화

34

이교도들의 불교비방에 적극 대처하자

배타적인 종교관을 가진 사람들은 타 종교를 비방하기 일쑤입니다. 특히 자신이 믿는 종교에만 구원의 길이 있다고 주장하는 보수적인 기독교인들의 불교비방은 널리 알려진 사실입니다. 심지어 광신적인 사람들은 스님 앞에서 '예수 천당 불신 지옥'이라는 피켓을 들고 시위를 합니다.

그리고 요즘은 덜한 편이지만 일요일만 되면 타 종교인들이 가가호호 방문하면서 자신의 종교를 믿으라며 불교를 비방하고 다니기도 합니다. 공공연한 공식석상에서도 불교를 비방하는 일이 많아지고 있습니다.

지난 해 부산에서는 '어게인 2007 부산' 부흥회에서 "절이 무너지도록 기도하자"고 들썩거리며 소리쳤습니다. 정말 다종교 사회에서 있을 수 없는 시대착오적 발상을 하고 있는 것입니다. 그래서 저들은 "땅 끝까지 전도하자"는 슬로건을 내걸고 불교를 맹신적으로 공격하고 있습니다. 그리고 초·중고등학교에서 선생님들이 기독교를 강요하는 행위도 간접적으로 불교를 비방한다고 볼 수 있으므로 그런 정보가 들어오면 단호하게 시정을 촉구해야 합니다.

불교를 비방하는 타종교에 대해서
적극적으로 대처하기 위해서는
불자들이 불교를 제대로 알아야 합니다.
누구 앞에서도 당당하게 맞설 수 있는
자신감을 키워야 합니다.

타 종교의 불교비방에 불자들은 그러려니 하면서 모르는 체하거나, 내 알 바 아니라는 식으로 넘어가지 말고 적극적으로 대처해야 할 것입니다. 일단 내 앞에서 불교를 비방하는 사람을 만나면, 왜 그런지 그 이유를 묻고 그러한 잘못된 사항에 대해서 단호한 어조로 말해 주어야 합니다. 그렇다고 싸우라는 말은 아닙니다. 조리 있게 차근차근 말해 주면 자신의 잘못을 알 수 있을 것입니다. 그렇게 하려면 우리 불자들이 불교를 제대로 알아야겠지요. 그리고 상식적인 수준에서 타 종교의 교리도 어느 정도 배워둘 필요는 있습니다.

　연합해서 대응하는 방법도 있습니다. "절이 무너지도록 기도하자!" "우리 도시를 하나님께 봉헌하자"라는 모모 인사들의 성시화(聖市化) 운동에 대해서는 불교도들이 힘을 합해 조직적으로 대응해야 하겠지요. 자신감 있게 그리고 당당한 모습으로 그 부당함에 대해서 지적하여 다시는 그런 소리가 나오지 못하도록 해야 합니다. | 고명석 |

35

불자 간의 친목을 돈독히 하자

불자와 기독교인들의 생활상의 특징 중 차이나는 점을 들라면 불자들은 서로 간의 친목과 우의를 다지는 시간이 적고 기독교는 친목과 친교활동이 매우 활발하고 두드러진다는 것입니다. 특히 같은 사찰의 신도로서 서로 친밀한 관계를 맺고 화목하게 지내야 할 텐데 그 점이 참 부족한 현실입니다.

기쁨은 나눌수록 배가 되고 고통은 나눌수록 줄어든다고 했습니다. 이것은 살아가면서 사람들 간에 서로 우애를 다지면서 관계 속에서 잘 어우러지라는 말입니다. 부처님 가르침 중에 '동사(同事)'라는 가르침이 있습니다. 동사란 같이 일을 도모한다는 뜻입니다. 그것은 여러 사람과 함께 나누는 조화로운 삶이요 일입니

다. 함께 일을 도모하면서 서로 어우러져서 마음을 나누는 것이지요. 상대방의 기쁨에 진정 같이 즐거워하고, 상대방의 고통에 가슴에서 우러나오는 슬픔으로 보듬어 안아 주는 한 몸으로서의 삶과 생활이 동사입니다.

같은 친목 모임이라 할지라도 일반적인 친목과 불교의 친목은 질적으로 다릅니다. 불자들은 부처님의 가르침을 바탕으로 서로 견해를 같이하면서 어우러지기 때문에 무엇보다도 그 유대감이 오래갑니다. 도반이란 그렇게 부처님 법으로 행복의 길로 가는 길목에서 아낌없이 서로를 보살피는 친목으로 연결되어야 합니다.

그런데 불자들의 신앙행태를 가만히 보면 절이나 법회에 나온다고 하더라도 신도들 간의 친목을 다지는 시간이 너무 부족합니다. 사람들은 살다 보면 얼마나 외롭고 힘들 때가 많은지 모릅니다. 그렇게 외롭고 힘들 때, 불교정신으로 만난 이들이 그것도 같은 절 신도들이 서로를 살리는 마음을 지니고 함께 한다는 것은 매우 중요합니다.

따라서 불자들은 한 사찰에 소속되어 있으면서 지역별로 활동 분야별로 분야를 나누어 봉사활동도 하고, 공부와 수행을 점검하며 서로 보살피며 살 때, 신도들은 물론 그 신도들이 소속되어 있는 사찰도 나날이 풍성해지고 발전할 것입니다. | 고명석 |

36

부처님 말씀을 생활에 적용시키자

이론과 실천의 일치는 어렵기는 하지만, 그렇게 되도록 끊임없이 노력해야 합니다. 부처님 가르침과 그것을 생활 속에서 실천한다는 것은 불자의 삶에서 매우 중요하지요. 철학과 사상은 그 이론만 열심히 공부하고 연구하면 그만이지만 불자로서의 삶은 내가 부처님 가르침대로 살아가고 부처님처럼 되려고 노력하는 것을 일컫습니다.

흔히 지식과 배움만 많은 사람을 일컬어 '가방끈 길다' 느니 '먹물' 이니 하는 말을 하지요. 특히 '머리에 먹물만 잔뜩 들었다' 는 말로 아는 것은 많은데 행동하는 것을 보면 표리부동하고 나약하며 위선적인 지식인의 허위의식을 은근히 꼬집고 있습니다. 그리고 뭐좀 안다고 잘난 척하고 돋보이고 싶어 으스대는 모습을 보면 정말 꼴불견이지요. 사실 누구도 그것을 알아주지 않으며 상대방으로부터 조롱만 받을 뿐인데 말이지요.

한국불교에는 두 가지 고질적인 병폐가 있습니다. 하나는 빼빼 마른 지식만을 추구한다는 것이고, 다른 하나는 기복적인 종교행위에 파묻힌다는 것입니다. 특히 마른 지식만을 추구할 경우, 그것이 그 사람의 정신적 자양분으로 작용하지 못하기 때문에 삶의 거센 풍파에 직면해서는 와르르 무너지고 말지요. 사실 불자로서의 삶을 살면서 이런 모습을 주변에서 많이 보지는 않았는지요?

부처님 말씀은 우리들의 마음가짐을 일깨워 주는 가르침입니다. 일상생활 속에서 어떻게 살아나가는지, 어떻게 마음공부를 하며 몸으로 실천해야 할지를 잘 보여줍니다. 그리고 최종적인 실천은 자기 몫이지요. 말을 물 가에 가게 할 수 있지만, 그 물을 먹는 것은 말 자신이지요. 부처님도 우리들에게 소중한 가르침을 줄 수 있지만 그것을 실천하여 향기나게 하는 당사자는 나 자신입니다.

그러면 부처님 말씀을 어떻게 생활 속에 적용시킬까요? 부처님의 대표적인 말씀은 연기와 무아, 그리고 자비의 실천입니다. 연기란 나와 너 우리 모두가 한마음 한뜻으로 연결되어 있으니 다른 사람을 내 몸처럼 존중하고 귀하게 여기는 것이지요. 무아란 나를

고집하기보다는 나를 비우고 내려 놓은 그 깨끗한 마음상태에서 보고 느끼고 생활하는 것입니다. '나'라는 생각을, '나'라는 상을 버리고 있는 그대로 보는 것이지요. 자비란 연기·무아의 마음가짐으로 상대방에게 기쁨을 주고, 상대방의 고통을 덜어주는 것입니다.

진정한 행복은 나누는 행복입니다. 함께 기뻐하는 행복이지요. 가정이나 사회에서 한 마디 말이라도 상대방을 배려하고 아끼는 말을 주고받을 경우, 상대방에게 기쁨을 주는 것은 물론 묵었던 원망도 눈 녹듯 사라지기 마련입니다. 한 마디 말도 이러할진대 다른 것은 오죽하겠습니까?

그리고 불자 여러분들은 하루를 정리하는 저녁 시간에 고요히 앉아 자신을 돌아보는 시간을 갖는 것이 좋습니다. 내가 오늘 부처님 가르침대로 살았는지, 잘 살았는지 못 살았는지, 부족한 점은 무엇이고 왜 그랬는지를 점검하고 반성하면서 새로운 각오를 다지게 되면 부처님 말씀이 조금씩 조금씩 내 몸과 마음에 자연스럽게 스며들 것입니다. |고명석|

37

옷 색으로 스님들의 위계를
구분하는 방법을 알자

불교에 대하여, 절에 대하여 잘 아는 몇몇 불자들을 제외한다면 승복 색상을 통하여 스님들의 위계(位階)를 구분할 줄 아는 분은 몇 명 되지 않습니다. 승복 색상을 통하여 위계질서를 확립한 지 얼마 되지 않았기 때문입니다.

10여 년 전만 해도 큰스님부터 행자에 이르기까지 승복 색상은 모두 회색이었습니다. 큰스님이나 노스님의 경우는 연로(年老)하기 때문에 이미 외형적인 모습으로 판단할 수 있지만, 젊은 스님들의 경우는 스님인지 행자인지 구분할 수 없을 때가 있습니다. 그래서 잘 모르는 불자들은 행자를 보고 스님이라고 부르는 경우도 있고, 엉거주춤 '행자스님'이라고 부르는 경우도 있습니다.

비구, 비구니　　　사미, 사미니　　　행자

　하지만 근래 이르러서는 수계(受戒) 제도가 일원화되면서 옷 색상만으로도 간단히 비구(비구니) 스님과 사미(사미니) 스님, 그리고 행자를 구분할 수가 있게 되었습니다.

　먼저 계를 받은 지 3년이 경과하여 비구계나 비구니계를 받은 스님(비구, 비구니)들이 입는 옷은 모두 회색입니다. 기존의 승복과 똑같지요. 그리고 사미계를 받은 지 3년밖에 안 되는 스님(사미, 사미니)이 입는 옷은 상의(上衣)의 동정이 밤색입니다. 동정이 밤색이면 사미 사미니 스님이고, 모두 회색이면 비구 비구니 스님입니다.

　그리고 행자들이 입는 옷은 상하의가 밤색이나 황색(오렌지색)입니다. 밤색은 남자 행자들이 입는 옷이고, 황색은 여자 행자들이 입는 옷입니다. 엄격히 말해 행자들이 입는 옷은 승복이라고 할 수 없고 '행자복'이라고 해야 할 것입니다.

　그리고 각종 법회나 행사 때, 예불할 때 착용하는 법복이 두 종류가 있는데 이것을 가사(袈裟)와 장삼(長衫)이라고 합니다. 가사는 인도·네팔·스리랑카·태국·미얀마·중국·티베트·한국·일본 등 전 세계가 똑같습니다. 다만 나라마다 황색·홍색(紅色)·밤색 등 약간의 색상 차이가 있을 뿐입니다. 장삼은 가사보다 한 급 아래의 법복으로 추운 지대 즉 중국·한국·일본에만 있습니다. 윤창화

38

불공은 사시(巳時)에
합동으로 올리도록 하자

    불자들은 매달 초하루나 정초가 되면 자신이 다니는 절을 찾아가 불공을 올립니다. 월초(月初)나 정초에 불공을 올리는 것은 한 달 또는 한 해를 시작하는 첫날에 부처님께 공양(불공)을 올리면서 자신의 소원이 이루어질 수 있도록 해 달라는 기원의 의미가 들어 있습니다.

    불공(佛供)은 합동으로 올리는 경우와 단독으로 올리는 경우가 있습니다. 합동으로 올리는 것은 하루 한 번 즉, 사시(巳時; 11시)로 정해져 있고, 단독으로 올리는 경우는 시간과 관계없이 아무 때나 자신이 올리고 싶은 시간을 택하여 올리는 것입니다. 사시(11시)에 부처님께 공양(불공)을 올리는 까닭은 부처님 당시에는

혼자 기도를 드리는 것도 좋지만요...
모두 모여 함께 불공을 드리는 시간,
사시(巳時) 예불에 참여 합니다.
스님과 불자들 모두 한마음으로 기도 올립니다.

모든 스님들이 하루 딱 한 끼 즉 오전 중에만 공양을 하셨기 때문입니다.

그런데 우리 불자들은 대부분 불공을 올릴 적에, 사시에 함께 올리려고 하기보다는 가능한 단독으로 올리려고 하는 경향이 있는 것 같습니다. 여럿이 함께 올리는 것보다는 혼자 올리는 것이 무언가 더 복을 많이 받을 수 있을 것이라고 생각하기 때문일 것입니다. 나만이 더 사랑받고 싶은 마음, 복 받고 싶은 마음은 당연한 것이겠지요.

하지만 부처님께서 단독으로 불공을 올렸다고 해서 그 사람에게는 복을 더 주고, 여럿이 함께 올렸다고 해서 복을 적게 줄 리가 있겠습니까? 만일 부처님께서 단독으로 불공을 올리는 사람에게는 복을 더 주고, 합동으로 올리는 사람들에겐 덜 준다면 이것은 중생을 차별하는 것인데, 과연 상식적으로 그런 일이 있을 수 없겠지요.

부처님께서는 대자대비를 강조하셨습니다. 부처님의 자비란 차별심이 없는 평등한 자비입니다. 자비심을 베푼다면 누구에게나 똑같이 베풉니다. 불공이 거창하다고 해서, 돈을 많이 냈다고 해서 복을 더 주는 경우는 없습니다.

그러므로 우리 불자들은 앞으로 불공을 올릴 적에는 단독으로 올리려고 하지 말고 사시(巳時)에 합동으로 올리도록 합시다.

불공을 올리고 싶은 사람은 사시에 합동으로 올리면 스님들도 한결 편할텐데 따로따로 올리면 얼마나 일이 많은지 아십니까? 한번 불공을 올리자면 최소한 약 40분에서 1시간 정도 염불을 해야 하고 목탁도 수천 번 쳐야 합니다. 모두가 동참하여 합동으로 올리면 스님들도 덜 피곤할 것입니다. 복을 많이 받고 적게 받는 것은 자신의 마음에 달려 있습니다.

참고로, 사시에 불공을 올리지만 실제는 10시부터 시작하고 마지는 10시 30분부터 11시 사이에 올립니다. 그러므로 10시 이전에 가서 미리 준비해야 됩니다. 윤창화

●**사시(巳時)** | 오전 9시에서 11시까지를 가리킵니다. 하루가 24시간으로 구분되기 이전에는 하루를 12시간으로 나누었습니다. 자시(子時, 밤11시-새벽 1시), 축시(丑時, 새벽 1시-3시), 인시(寅時, 새벽 3시-5시), 묘시(卯時, 새벽 5시-7시), 진시(辰時, 오전 7시-9시), 사시(巳時, 오전 9시-11시), 오시(午時, 오전 11시-오후1시), 미시(未時, 오후 1시-3시), 신시(辛時, 오후 3시-5시), 유시(酉時, 오후 5시-7시), 술시(戌時, 밤 7시-9시), 해시(亥時, 밤 9시-11시).

39

차례나 제사는 불교식으로 지내자

 불자들은 불교식으로 제사를 지내야 합니다. 사실 우리 나라 사람들이 일반적으로 제사를 지내는 형식은 유교식 제사입니다. 그렇다면 불교식과 유교식은 어떤 차이가 있을까요?

불교의 제사는 이승을 떠난 영혼인 영가(靈駕)를 추모하고 기리며 천도(薦度)하는 의식입니다. 천도란 영가를 부처님 말씀으로 교화하여 모든 집착과 살아생전에 맺힌 한을 떨쳐버리고 좋은 세계로 인도하는 의식입니다. 반면에 유교식 제사는 영가를 추모하는 데 그칩니다.

가정에서 가족 구성원들이 모두 모여 불교식으로 제사를 지내면 불교의 가치관을 가족들에게 깊이 인식시켜 주는 것은 물론,

가족의 소중함을 알게 하고 조상들에 대한 공경과 추모의 마음을 심어주기 때문에 효행의 실천과 더불어 삶의 진정한 의미를 알게 해 줍니다.

불교식으로 제사를 지낼 때는 술 대신 차나 깨끗한 청정수를 준비합니다. 축문도 의식문에 있으므로 따로 준비하지 않고 불교식 위패를 씁니다. 불교식으로 차례와 제사를 지내는 간단한 절차를 알려드리면 다음과 같습니다.

① 먼저 불보살님을 청하는 거불(擧佛)의식을 합니다.

가족들이 합장하고 제주가 그윽한 음성으로 "극락세계의 아미타부처님께 귀의합니다(절), 아미타부처님의 왼쪽에 계시는 관음보살님께 귀의합니다(절), 아미타부처님의 오른쪽에 계시는 대세지보살님께 귀의합니다(절)"라고 노래합니다.

② 차를 올리는 게송인 다게(茶偈)를 다음과 같이 노래합니다.

"시방삼세 부처님과 청정미묘하신 가르침과 삼승사과의 해탈을 얻으신 승가에 공양하오니 자비를 베푸시어 감응하여 주옵소서."

③ 그 다음에는 제주가 영가를 부르는 청혼(請魂)을 올립니다.

"오늘 지극한 마음으로 향을 피워 영가를 청하오니, ○○○ 영가시여 저희들이 모시는 제사 (추석, 설)차례에 내려오시어, 감응하여 주옵소서."

이때 제주는 찻잔을 올리고 식구들은 다 함께 세 번 절합니다. 그 다음 수위안좌진언(受位安坐眞言)을 외웁니다. 수위안좌진언이란 영가를 편안하게 앉게 하는 진언입니다.

수위안좌진언 : "옴마니 군다니 훔훔 사바하(3번)."

④ 공양(供養) : 제주는 밥그릇 뚜껑을 열고 수저는 밥에, 젓가락은 반찬류에 올려놓습니다. 모두 절을 세 번 한 뒤, 잠시 입정에 듭니다. 입정이 끝나면 제주가 합장하고 다음의 글을 읽습니다.

"오늘 조상님 영가께 올린 모든 음식은 저희들이 작은 정성을 모아 올린 것이오니 흠향하여 주옵소서."

⑤ 보공양진언(普供養眞言) : 모든 식구들이 합장하고 영가님께 공양을 올리는 진언을 외웁니다.

"옴 아아나 삼바바 바아라 훔(3번)."

⑥ 보회향진언(普回向眞言) : 모든 식구들이 합장하고 회향하는 진언을 외웁니다.

"옴 삼마라 삼마라 미만나 사라마하 자거라 바 훔(3번)."

⑦ 광명진언(光明眞言) : 부처님의 광명을 밝혀 영가를 밝은 길로 인도하는 진언으로 모든 식구들이 다음의 진언을 외웁니다. 이 광명진언을 외면 업장이 소멸됩니다.

"옴 아모가 바이로차나 마하 무드라 마니파드마 즈바라 프라바를 타야 훔(3번)."

광면진언이 끝나면 제주는 숭늉을 올리고 밥을 떠서 숭늉에 덜어 넣습니다.

⑧ 발원문 낭독 : 귀여운 손주나 자식으로 하여금 발원문을 낭

독한 뒤, 「무상게」 「법성게」 「아미타경」 중에서 하나를 택해 다함께 독송하되 한글로 합니다. 「한글 의식문」은 대한불교조계종에서 편찬한 『한글통일법요집』에 소개되어 있으니 그것을 참고하면 됩니다.

그 다음 다 함께 세 번 절하고 헌식을 한 후 위패를 태웁니다.

⑨ 차를 마시며 다 함께 음복합니다.

이상의 절차로 차례 및 제사를 올리는데 약식으로 할 경우 진언을 외는 절차를 약할 수도 있습니다. 더 약해서 할 경우에는 입정한 이후에 제주부터 청정수를 올리고 절을 합니다. 그 다음 발원문을 바치고 「무상게」나 「법성게」를 다함께 외우는 것으로 마칩니다.

【 위패 쓰는 요령 】

㉠ 아버지일 경우 :

　선망先亡 엄부嚴父 ○○(본적)후인後人 ○○○(이름)영가

㉡ 어머니일 경우 :

　선망先亡 자모慈母 ○○(본적)유인孺人 ○○○(이름)영가

| 고명석

40

불전에 부담을 갖지 말자

절에 가면 불자들은 누가 뭐라고 할 것 없이 모두들 부처님 앞으로 다가가서 향을 사르고 불전을 놓고 합장합니다.

불전(佛錢)이란 말 그대로 부처님 앞에 놓는 돈으로써 자신의 정성을 물질로 표현한 것입니다. 정성을 꼭 물질로 표현해야만 되는 것은 아닙니다. 흔한 말이지만 마음이 중요한 것이지요. 부처님 앞에 불전을 놓는 것은 물질과 마음이 함께 어우러진 것이지요.

스님들은 불자들이 희사한 금전으로 사찰을 창건, 보수하고 그 사찰을 정점으로 부처님 가르침을 펴는 것이지요. 우리 불자들은 스님들로부터 부처님 말씀을 들음으로써 마음의 평온을 찾는 것이지요.

불전은 부처님 앞에만 놓는 것이 아니라 관음전·지장전·칠성각·신중단 등 각 단에도 놓게 됩니다. 그런데 대부분 신도님들은 불전을 놓을 때마다 '얼마나 놓아야 좋을지?' 상당히 고민하게 됩니다. 어떤 분은 교회처럼 기준이 있었으면 좋겠다는 분도 있습니다. 심리적 부담이 상당히 크기 때문이지요. 특히 단독으로 불공을 올릴 때나 부모님의 49재 등 천도재를 올릴 때엔 더욱 고민이 됩니다.

그러나 결론적으로 말한다면 불전은 정해진 기준이 없습니다. 정해진 것이 없어서 오히려 난감하기도 하겠지만, 정성의 표시로 올리는 불전에 무슨 기준이 있겠습니까? 아무런 기준이 없으므로 자기 능력의 범위에서 올리면 됩니다. 생활이 넉넉한 사람은 좀더 많이 놓고 어려운 사람은 적게 놓아도 아무런 관계가 없습니다.

불전은 정성의 표시일 뿐입니다. 부처님께서 많이 놓았다고 해서 복을 더 주고 적게 놓았다고 해서 적게 주는 것은 아닙니다. 복은 착한 마음에서 우러나옵니다. 정성이 있어야 합니다. 정성은 별로 없는데 불전만 많이 올렸다고 해서 복이 올 것이라고 기대한다면 그것은 잘못된 생각입니다.

다만 단독으로 불공을 할 때와 부모님 49재를 올릴 때 등은 아무래도 좀 고민이 되지요. 그 역시 정해진 것은 없습니다. 스님이나 사무를 보는 분과 상의하여 능력의 범위 내에서 하면 됩니다. 개인적인 생각입니다만 49재 같은 경우는 정해진 액수가 있었으면 하는 생각도 듭니다. 윤창화

41

승용차를 타고 절 마당까지
들어가지 말자

사찰의 매력은 얼핏 보기에 자연환경의 아름다움에 있지만, 그보다 더 큰 아름다움은 청정함과 고요함일 것입니다. 사실 산사는 세속적인 소음이나 문명의 때가 묻지 않은 곳입니다. 그곳에는 자연의 풍광(風光)이 있을 뿐이지요.

우리는 가끔 절에 갈 때 이런저런 핑계로 절 마당까지 차를 타고 들어간 적도 있고, 또 다른 사람이 차를 가지고 들어오는 모습을 본 적도 있을 것입니다. 자신이 차를 가지고 들어갈 적에는 별로 느끼지 못하지만, 남이 가지고 들어올 적에는 눈살을 찌푸리게 되지요. 나의 행동은 합리적이지만 타인의 행동에서는 문제를 발견하는 것이 우리들의 속성인가 봅니다.

부처님 계신 절 마당까지 승용차를 타고 들어가는 것은 아무래도 결례가 아닌가 생각합니다. 가능한 자동차는 절 외곽 주차장에 두고 걸어서 들어갔으면 합니다. 대부분 사찰들이 마을과 떨어진 산 속에 있고, 또 도심에 있는 사찰이라고 해도 산과 가까운 곳에 있어서 부득이 차를 가지고 가게 됩니다만, 이 경우에도 가능한 차는 절 아래 주차장에 두고 걸어가는 것이 경건한 사찰 분위기를 해치지 않는 불자다운 미덕일 것입니다.

그런데 차를 가지고 절 마당까지 들어가는 분들을 보면 대부분 절에 오래 다닌 불자들입니다. 물론 절에 갈 때 쌀 과일 등 많은 물건을 사 가지고 가기 때문에 부득이 절 마당까지 들어가야 할 때도 있고, 또 다리가 불편한 경우도 있겠습니다만, 이런 부득이한 경우가 아니라면 가능한 승용차는 주차장에 세워 두고 걸어가는 것이 바람직하다고 봅니다.

절 마당까지 승용차를 가지고 갈 경우 소음, 배기가스 냄새, 먼지 등이 날려 오랜만에 큰마음을 먹고 사찰을 찾는 참배객들로서는 눈살을 찌푸릴 수밖에 없습니다. 고즈넉하고 조용한 산사의 맛이 차 소음과 함께 날아가 버리는 것이지요. 마음 역시 불편하겠지요.

사실 주차장에서 절까지 거리는 그다지 멀지 않습니다. 멀어야

1킬로미터이고 대부분은 500미터 미만입니다. 500미터 정도는 걸어가는 것도 참 좋다고 봅니다. 다른 사람에게 피해도 주지 않을뿐더러, 걸으면서 좋은 공기를 마시면 건강에도 좋습니다. 자연 경관도 감상하고 말입니다. 일석이조(一石二鳥)겠지요. 윤창화

42

단체로 절에 갈 때 질서 정연하게 움직이자

불자들은 가끔 단체로도 절에 갈 기회가 있습니다. 도반들끼리 모여 함께 수행하러 갈 때도 있고 성지순례 차원으로 가는 경우도 있습니다. 아울러 일가친척들과 더불어 부처님께 예배와 공양을 드리러 가기도 합니다.

그런데 단체로 절을 찾는 불자들 가운데 더러는 무질서한 모습들이 많이 눈에 들어와 눈살을 찌푸리게 합니다. 앞서거니 뒤서거니 하면서 여러 사람들이 모여 우왕좌왕 왁자지껄 떠들면서 가는 것을 보면 저분들이 어떠한 이유로 사찰을 찾는지 잘 이해가 안 갈 정도입니다.

사찰은 수행도량이며 정신이 맑게 깨어 있는 곳입니다. 단체로

움직일 때도 한 줄이든 두 줄이든 세 줄이든 줄을 만들어서 질서 정연하게 움직여야 합니다. 그렇게 무리를 지어서 절도 있고 질서 있게 움직이는 모습을 보면 참 이곳이 수행하는 곳이라는 느낌을 주며 그러한 불자들의 모습 또한 아름답고 소중해 보이기 마련입니다.

사찰에서 스님들이 여럿이서 걸어가는 모습을 보면 한 줄로 늘어서서 질서 정연하고 단정한 모습으로 움직입니다. 예불 드리러 갈 때나 나올 때를 비롯하여 여러 대중들이 움직일 때는 이렇게 한 줄로 움직이는데, 이를 안행(雁行)이라 합니다. 마치 그 모습이 기러기가 떼지어 질서 있게 날아가는 모습과 같다고 해서 그렇게 부르는 것입니다.

절을 찾는 불자들 모습 역시 마찬가지입니다. 기도나 수행하러 왔든지 성지순례차 왔든지 간에 절에 오는 순간은 수행자로서의 모습을 온전히 갖추어야 합니다. 따라서 절에서도 단체로 움직일 때는 줄을 지어 질서 정연하게 움직여야 하며 그 때 손의 모습은 차수(叉手)를 해야 합니다. 차수란 사찰에서 합장을 하지 않고 서 있거나 걸을 때 취하는 손의 자세입니다.

차수는 손을 어긋나게 마주잡는다는 뜻으로 왼손 손등 부분을 오른 손바닥으로 가볍게 잡는 것을 뜻합니다. 서 있을 때나 걸어갈 때는 단전 부분에 왼손을 자연스럽게 갖다 대고 그 왼손 손등을 오른손으로 부드럽게 감아줍니다. 앉아 있을 때는 차수한 채로 손을 무릎 위에 단정히 올려놓으면 됩니다. 앉아 있을 때도 열을 지어 질서 정연하게 차수한 채 앉아 있는 것이 보기도 좋고 아름답습니다. 차수한 모습으로 질서 정연하게 걸으면서 걸음걸이마다 길게 호흡하면서 따뜻한 마음으로 자신을 들여다보십시오.

법당에 들어가거나 나올 때도, 그리고 부처님 전에 향을 사를 때도 서로 순서를 지켜 질서 정연하게 움직입니다. 그리고 많은 사람이 법당 참배를 할 때는 뒷사람들을 위하여 앞쪽으로 나아가서 부처님 전에 절을 올리고 잠시 좌선한 상태에서 고요한 마음으로 부처님 마음과 접속을 하고 자신을 뒤돌아보면 절대로 급하거나 무질서하게 움직이지 않을 것입니다. | 고명석 |

43

절에 가서 꼭 주지스님을
만나려고 하지 말자

기독교인들은 교회에 자주 나가는 편이지요. 적어도 1주일에 한 번 이상은 나가니까요. 그들이 교회에 나가는 것에 비하면 우리 불자들이 절을 찾는 회수는 비교할 수도 없이 적다고 할 수 있습니다.

불자들은 대부분 절에 가면 무엇보다도 주지스님을 꼭 만나려고 하지요. 절에 왔으므로 당연히 주지스님을 뵙고 가는 것이 도리이고 또 그래야만 무언가 마음이 뿌듯하게 여겨지기도 합니다. 신도님들의 입장에서는 자연스러운 일일 것입니다.

그런데 절에 가서 꼭 주지스님을 뵙고 가야 할 이유가 있는지 모르겠습니다. 절에 가는 목적은 불공이나 기도 또는 참배하러 가는 것인데, 그렇다면 다른 스님이나 절에서 사무를 보는 분과 이야기해도 되지 않을까 생각합니다. 특별히 주지스님을 만나 뵈어야 할 일이나 상담해야 할 일이 아닌 기도나 불공 등 통상적인 것이라면 주지스님을 만나지 않아도 될 것입니다.

사실 주지스님은 대단히 바쁩니다. 주지스님은 한 사찰의 모든 일을 총괄하고 있는 분입니다. 설법 준비, 불공, 사찰 운영 등 말하자면 1인 7~8역입니다. 또 대외적으로도 일이 많습니다. 사이사이에 수행도 해야 합니다. 신도님들을 일일이 다 챙기자면 몸이 열 개라도 부족하지요.

우리 불자들이 꼭 주지스님을 만나려고 하는 데에는 몇 가지 이유가 있는 것 같습니다. 좀 지나친 표현이 될지는 모르겠습니다만, 첫째는 절을 찾는 자신의 존재를 알리고 싶어서가 아닐까 생각합니다. 다음은 불공이나 기도를 올리는 것도 직접 주지스님께 말씀드려야 확실하게 접수가 된 것 같은 느낌이 들기 때문이고, 그 다음은 자신은 주지스님과 특별히 아는 사이라는 일종의 과시욕 같은 것도 좀 작용하고 있는 것 같습니다.

우리는 다 인간입니다. 인간이므로 이 정도는 허물이라고 할 수는 없겠지요. 그런데 이런 것이 지나치면 순수한 믿음의 한계를 이탈하여 여러 가지 문제를 일으키게 됩니다.

우리가 불교를 믿고 절에 다니는 것은 부처님을 믿고 부처님 가르침을 따르는 것입니다. 절에 가서 꼭 주지스님을 뵈어야만 복을 더 받는 것은 아닙니다. 진실한 믿음이 중요합니다. 윤창화

44

절에 갈 때는 옷차림을 단정히 하자

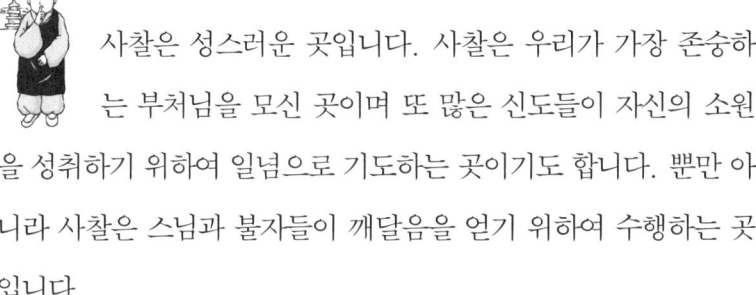

사찰은 성스러운 곳입니다. 사찰은 우리가 가장 존숭하는 부처님을 모신 곳이며 또 많은 신도들이 자신의 소원을 성취하기 위하여 일념으로 기도하는 곳이기도 합니다. 뿐만 아니라 사찰은 스님과 불자들이 깨달음을 얻기 위하여 수행하는 곳입니다.

이런 성스러운 곳에서는 항상 몸가짐을 단정히 해야 합니다. 너무 화려하거나 노출이 심한 옷은 정숙(靜肅)해야 할 사찰 분위기를 해칩니다. 또 일시적이나마 스님들의 마음을 복잡하게 만듭니다. 특히 여름에 반바지 차림으로 절에 간다든가 짧은 스커트 차림으로 가는 것은 삼가해야 합니다. 절에 갈 적에는 가능한 옷을 단정히 입어야 합니다. 특히 불공이나 기도를 하러 갈 경우에는 상의나 하의가 너무 눈에 거슬려서는 안 되겠지요. 옷 색도 가능한 차분한 색상이 좋고요.

옷을 단정히 입는 문제를 가지고 이야기한다면 아무래도 남성 불자(거사)보다는 여성 불자들(보살님)이 더 많이 신경을 써야 할 것입니다. 여성들의 옷은 대부분 노출이 심하고 색감이 화려하지요. 바지를 입자니 그렇고 치마를 입자니 조심스럽고. 또 화장도 적당히 해야 하고 말입니다. 그래서 절에 갈 적에는 고민을 많이 하게 될 것입니다.

우리는 어른 앞에서는 옷을 단정히 입으려고 합니다. 그것은 노출이 심한 옷이나 야한 옷은 어른에 대한 결례가 되기 때문입니다. 부처님 앞이나 스님 앞에서 옷을 단정히 입는 것도 그와 같지 않을까요. 윤창화

절에 갈 때에는 옷에 신경을 써야 해요. 단정하고 정숙한 옷차림, 너무 화려하지 않은 옷이 좋겠지요.

45

절에 갈 때는 화장을
진하게 하지 말자

절에 갈 때는 마음가짐은 물론 몸가짐도 단정하고 정숙해야 합니다. 정돈되지 않은 자극적인 모습은 상대방의 수행에 방해를 줄뿐더러 나 자신의 들뜬 모습을 보여주는 것입니다.

외국의 사원을 순례하게 되더라도 반드시 그 나라의 사찰 법도에 따라서 몸가짐과 행동거지를 가지런히 하는 마당에 우리 불자들이 절에 갈 때 정숙한 몸가짐을 하고 사찰예절을 지키는 것은 두말 할 필요가 없을 것입니다.

따라서 절에 갈 때 자극적인 옷차림도 문제지만 짙은 화장을 하고 절에 가는 것도 삼가해야 합니다. 짙은 화장 냄새나 화장한 모습은 사람들을 자극하기 마련입니다. 사람들의 감각은 탐욕에 물들어 있습니다. 그 중에서 시각과 후각은 탐욕과 욕망에 더 많이 길들여져 있어 그 욕망을 자극하는 냄새와 모습을 접하는 순간 자신도 모르게 그곳으로 빨려 들어갑니다. 아차 하는 순간, 부지불식간에 눈길이 가고 마음이 갑니다. 정말 무섭지요.

아무리 그런 경계에 얽매이지 않으려고 노력해도 순식간에 동하는 유혹은 웬만큼 수행하지 않으면 극복하기 힘들지요. '이러면 안 되지' 하고 생각을 가다듬는다지만 잠깐 의식의 틈으로 들

성스러운 절이 해변가인줄 아나봅니다.
이런 옷차림과 짙은 화장은 삼가야 되겠지요.
Oh! No~

어오는 감정의 불길은 막을 수가 없습니다. 그 순간 번뇌망상이 일어나 고요한 마음이 요동을 쳐 몸과 마음의 균형을 깨뜨려 버립니다.

따라서 수행하는 공간이자 성스러운 공간인 절에서는 짙고 자극적인 화장 냄새, 향수 냄새를 풍기지 말아야 하며 진한 화장은 삼가해야 합니다. 다른 사람의 수행과 기도에 방해가 되기 때문입니다.

그렇다고 해서 절에 갈 때 아예 화장도 하지 말고 옷도 아무렇게나 입자는 말은 아닙니다. 정숙하고 단정한 옷차림을 하고, 화장은 연하고 은은하게 하는 것이 좋다는 것입니다. 그러나 절대로 남을 자극하는 옷차림이나 옷매무새, 그리고 자극적인 진한 화장은 하지 말아야 할 것입니다. |고명석|

46

스님들과 똑같은 옷을
입고 다니는 것은 삼가하자

스님들이 평상시에 입는 회색 옷을 승복(僧服)이라고 합니다. 그리고 예불하고 기도할 때, 불공을 올릴 때, 각종 행사를 집행할 때 입는 장삼(長衫)과 가사(袈裟)를 법복(法服)이라고 합니다.

승복은 우리나라 전통 남성 의상인 한복에 회색 물을 들인 것으로써, 차이가 있다면 한복보다 동정이 더 넓다는 것 정도입니다.

승복은 맨 겉에 걸치는 두루마기와 바지, 저고리, 그리고 조끼가 한 벌입니다. 이 외에 길이가 두루마기보다는 짧지만 저고리보다는 좀더 긴 '반동(동방)'이라는 것이 있습니다. 두루마기는 주로 예의를 갖추어야 할 때나 외출할 때 입습니다. 반동은 긴 두루마기의 불편함과 짧은 저고리의 단소(短小)함을 보완하여 절충한 것으로 평상시는 물론 때론 외출할 때에도 입습니다.

그런데 간혹 남성 불자나 여성 불자 중에는 두루마기에서 바지까지 옷 모양과 색깔이 승복과 똑같은 옷을 입고 다니는 사람들이 있습니다. 승복과 똑같은 옷이라고 하는 기준은 모양보다는 색깔을 두고 하는 말입니다. 머리를 기른 채 회색 승복을 입고 다닐 경우 저 사람이 스님인지 아닌지 불교를 빙자한 사이비인지 혼동이 됩니다.

특히 남성 불자가 똑같은 옷을 입었을 경우엔 머리를 기른 스님이 아닌가 하고 착각할 때가 많습니다. 불자로서 스님들만 입게 되어 있는 승복을 입고 다닌다는 것은 좀 외람된 행동이 아닐까 생각됩니다.

여성 불자들 중에도 승복과 똑같은 옷을 입고 다니는 사람이 있습니다. 물론 개량한복이나 몸뻬(일본말인데 적당한 표현이 없어서 그대로 씁니다) 정도는 이해되는데, 간혹은

바지와 저고리 두루마기를 색깔부터 똑같게 하여 입고 다니는 것을 볼 수가 있습니다.

얼마 전 맥줏집에서 맥주를 한잔 하다가, 한쪽에 머리를 기른 어느 여성이 승복을 입고 여러 사람들과 맥주를 마시고 있었습니다. 나로서는 금세 저 분이 보살의 신분으로서 승복을 입고 다닌다고 이해했지만, 일반인들은 비구니 스님이 머리를 기르고 맥주를 마시고 있다고 생각하게 될 것입니다. 사이비라고 보아도 무방하다고 봅니다. 불자라면 신중해야 할 일입니다.

요즘엔 인사동에 가면 품위와 모양새를 함께 갖춘 개량한복이 많이 있습니다. 스님도 아닌 일반 불자로서 오해의 소지가 많은 승복보다는 개량한복을 입는 것이 더 바람직합니다. ┊윤창화┊

47

절 근처에서 술을 마시고
소란스럽게 떠들지 말자

우리나라의 전통적인 사찰은 대부분 산자수려하고 풍광이 좋은 곳에 자리잡고 있습니다. 절로 접어드는 길목은 울창한 숲으로 우거져 있고 시원한 계곡물이 흐릅니다. 그곳을 스치는 바람 또한 향기롭습니다.

그래서 절로 가는 길은 마음을 차분히 하고 쉬게 하는 마음길이라 해도 과언이 아닐 정도입니다. 절로 들어서는 길은 그렇게 고요하고 깊은 마음길로 인도하는 마음의 산책로인 것이지요. 그런데 절로 들어서는 길목이 경치가 좋고 맑은 물이 흐르다보니 계곡에서 많은 관광객들이 술을 마시고 소리를 치며 고래고래 노래를 부르는 모습을 접하곤 합니다.

절가까이에서 술을 마시고 큰소리로 떠들지 말아야 합니다. 물론 절 안에서도요...

   그런 모습을 보면 일순간 마음이 어지럽고 짜증이 날 정도이며 절로 가는 마음이 편하지가 않습니다. 그래서 불자만이라도 절 가까이에서는 술을 마시고 소리치면서 떠들지 말아야 할 것입니다. 그렇게 술을 마시고 떠들고 노래하는 소리가 절 안까지 들리면 고요한 사찰의 수행환경이 엉망이 되는 것은 물론 절에서 수행하고 기도하는 스님들이나 불자들의 마음에 방해를 주기 마련입니다.

   게다가 그렇게 절 주변의 계곡에서 먹고 마시다 보면 온갖 음식물 쓰레기를 그곳에 방치하게 되어 절 주변의 환경을 오염시키는 주된 원인이 됩니다. 뜻있는 불자들이 절 주변과 계곡을 깨끗이 청소하는 마당에 환경을 오염시키는 행동을 하지 말아야 할 것입니다.

　이렇게 불자들은 절 주변에서 술을 마시고 큰 소리 치지도 말아야 하는데 절 안에서는 두말 할 필요가 없겠지요. 절에서 술을 마신다는 것은 상식 이하의 행동이므로 조심하고 조심할 일입니다. 담배 또한 피워서는 안 될 일이지요. 설혹 절 안에서 일반 사람들이 담배 피우는 것을 보면 정중하게 다가가서 담배 피우는 일을 삼가해 달라고 말하는 것이 불자의 도리입니다. │고명석│

48

불자로서 굿이나 무속적인 행위를 하지 말자

점을 보거나 굿을 하는 무속인들의 집에 불교를 상징하는 만(卍)자 깃발을 내걸고 있는 것을 보면 참 희한하지요. 그런데 더 알다가도 모를 일은 불자들이 점을 보거나 굿 등의 무속적인 행위를 하는 것이지요. 부처님께서는 신들에게 비는 무속적 행위를 해서는 안 된다고 다음과 같이 당부하였습니다.

"너희들 사문과 바라문중에는 신도들이 신심으로 보시한 것으로 생활을 유지하면서, 해서는 안 되는 법을 행하는 이른바 사명(邪命)의 생활을 영위하는 자가 있다. 곧 수신(水神)이나 화신(火神) 그리고 귀신의 주문을 지송하거나 코끼리 주문이나 공작 주문 그리고 안택주(安宅呪) 등을 지송하는 자 있으나, 이와 같은 것은 사기로서 미혹을 불러일으키는 것일 뿐이다. 나 사문 고타마는 이와 같은 것을 행하지 않는다."

- 장아함(長阿含), 『범동경(梵動經)』

부처님께서 이렇게 점을 보거나 무속적인 행위를 거부한 것은, 우리 인생은 신이나 어떤 운명이 주관하는 것이 아니라고 했기 때문입니다. 부처님께서는 진리에 의지하고 네 자신에게 의지하라고 했습니다. 즉 부처님 가르침과 나 자신의 밝고 깨끗한 마음을 등불로 삼으라고 했던 것입니다. 다시 말해서 우리 인생은 부처님 가르침에 입각하여 마음을 잘 다스려 나가면 행복하고 평화롭게 살 수 있다는 것입니다.

그런데 살다보면 살아가는 것이 힘들고 하는 일이 꼬이고 우환이 설상가상으로 겹치기 때문에 마음을 다잡을 수가 없어 어떤 불가사의한 힘에 의지하고 싶은 마음도 생기게 됩니다. 그러나 그것은 일시적인 미봉책일 뿐이지 궁극적인 해결을 해 주지는 못합니다.

우리 불자들은 과거의 업보에 끌려가는 삶이 아니라 악업을 바꾸어 선업을 쌓아나가야 합니다. 과거의 일이나 운명에 파묻혀 거기에 질질 끌려가기보다는 한 생각을 돌려 삶을 멋있게 개척해 나가는 것이 중요합니다. 따라서 인생이 괴롭고 하는 일이 잘 풀리지 않는다고 해서 점집이나 무속인을 찾을 것이 아니라 참회나 기도, 수행을 통해 업장을 소멸하는 것이 바람직합니다.

그리고 한번 점집이나 무속인을 찾아가기 시작하면 무슨 일이 있을 때마다 계속 그러한 곳을 찾기 마련입니다. 마음의 중심을 잡지 못하고 계속 그런 데 마음이 끌려가는 것입니다. 마음이 그런 데 끌리기 시작하면 정말 거기에서 헤어날 길이 없습니다.

사실 내 앞길이나 사업, 가정사가 꼬이는 것은 과거에 내가 상대방에게 준 상처가 한이 맺혀 그것이 응어리가 쌓여 있기 때문인데, 그 맺힌 한을 풀어주는 것은 굿보다는 가슴에서 우러나오는 참마음으로, 용서하고 참회하는 행위를 통해서 말끔히 해소되지요.

사실 영가를 극락세계로 인도하는 천도의식도 전생에 지은 맺힌 한과 집착을 풀어주는 것입니다. 그렇게 서로 화해하고 용서해야 진정 업장과 한이 소멸되어 행복한 하루하루를 보낼 수 있습니다. 그러나 점이나 굿을 통한다면 그 원귀를 쫓아내는 것이기 때문에 우환이 일시적으로 가라앉는다 하더라도 미봉책에 불과할지도 모릅니다.

그러니 참회와 용서를 통한 업장 소멸로 원결을 풀고, 앞날에 대한 밝은 서원으로 마음을 가다듬고 각오를 다져 나가는 것이 참다운 불자의 길입니다. 그러니 불자 여러분들은 절대 점을 보거나 굿을 하는 무속적인 행위를 하지 말아야겠습니다. |고명석|

49

불자들은 서로 법명을 부르자

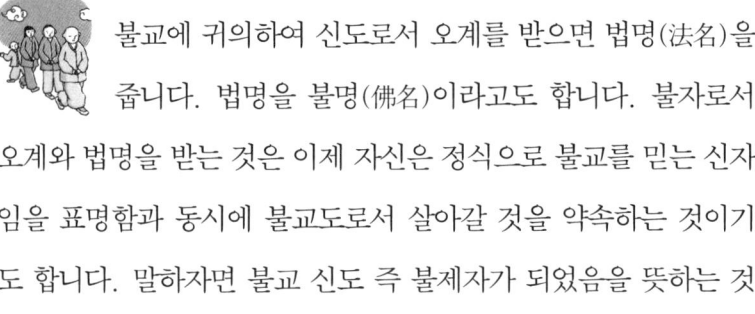

불교에 귀의하여 신도로서 오계를 받으면 법명(法名)을 줍니다. 법명을 불명(佛名)이라고도 합니다. 불자로서 오계와 법명을 받는 것은 이제 자신은 정식으로 불교를 믿는 신자임을 표명함과 동시에 불교도로서 살아갈 것을 약속하는 것이기도 합니다. 말하자면 불교 신도 즉 불제자가 되었음을 뜻하는 것입니다.

불교에서 남성 불자들의 법명은 주로 두 글자이지요. 법명 뒤에 '거사님' 또는 '처사님'이라는 존칭을 붙여서 '○○거사님' '○○처사님'이라고 부르고, 여성 불자들은 주로 세 글자로 '○○○보살님'이라고 부릅니다.

불자들도 상대방을 부를 때 가능한 법명을 사용했으면 합니다. 법명을 사용하면 같은 불자로서 친근감도 있을뿐더러 신심을 북돋아 주는 역할도 합니다. 또 상대방이 법명을 불러 줄 경우 자신이 불자임을 인정받는 것이기도 합니다.

그런데 이렇게 하자면 상대방의 법명이 무엇인지 알아야 하고 기억해야 하는데 그게 쉽지 않지요. 같은 사찰이나 단체에서 활동할 경우엔 알 수가 있지만 그렇지 못할 경우엔 알 수가 없지요.

"법명이 어떻게 됩니까?" 하고 물어본 뒤에 부르면 되겠지만, 초면에 그럴 수도 없지요. 모를 경우는 어쩔 수 없습니다. 알고 있는 경우에만 서로 법명을 부르면 좋겠습니다.

여성 불자들은 대부분 'ㅇㅇㅇ보살님' 하면서 서로 법명을 잘 부르고 있는 것 같습니다. 그런데 남성 불자들은 아직 그런 경우가 그다지 많지 않은 듯합니다. 여성 불자들은 비교적 절에 자주 나가서 서로 교류를 갖고 있고, 남성 불자들은 잘 나가지 않는 데서 오는 차이점이 아닌가 생각합니다.

불자로서 오계(五戒)를 받았다면 잘 준수해야겠지요. 그러나 사회생활에서 쉽지는 않습니다. 불자로서 가능한 산 목숨은 죽이지 말고, 도둑질 하지 말고, 거짓말 하지 말고, 몰래 다른 여자나 남자와는 만나지 말고, 술을 적게 먹는 정도로 지켜도 잘 지키는 편에 속합니다. | 윤창화

50

차 안에 염주를 걸자

차 안에 염주나 작은 목탁을 걸고 다니는 모습을 보면 그저 흐뭇하고 가슴이 뿌듯해집니다. 사람과 차량을 보호하려는 호신용(護身用)으로 염주를 걸고 다니는 것이겠지만 그것이 불자라는 사실을 보여주기도 하기에 어떤 묘한 동질감도 느껴 기쁜 마음이 듭니다.

염주(念珠)는 불보살님들의 이름을 부르며 거기에 마음을 집중하고 기도하거나 수행할 때 사용하는 도구입니다. 염주를 한 알 한 알 굴리면서 염불의 횟수나 절의 횟수를 세어 나가다 보면 마음이 안정되는 것은 물론 염주를 통해 모든 것과 연결되어 있는 끊어지지 않는 끈을 느끼게 됩니다. 염주를 통해 마음이 하나가 되는 것이지요.

　차량에 거는 염주는 직접 염주알을 돌리면서 헤아릴 수는 없지만 염주를 바라보며 염불을 하거나 진언을 외우면서 마음을 가다듬을 수 있어 좋습니다. 그렇게 염주를 바라보며 마음을 가다듬으면 몸과 마음은 물론 차량까지 보호해 주기 마련입니다.

　요즘은 장식용 염주가 많이 나와 있습니다. 차량에 매다는 염주도 디자인이 다양하고 보기에도 멋지고 아름다운 것들이 많이 있습니다. 따라서 기왕에 장신구를 걸 바에야 차량에 염주를 달면 보기에도 좋고 마음에도 안정을 주기 때문에 좋습니다.

　그 밖에 염주가 아니더라도 행복을 상징하는 만자(卍字)를 달거나 앙증맞은 목탁을 달아도 같은 효과를 줍니다. 그 모두가 부처님의 가르침을 상징하고 마음의 위안을 주기 때문에 차량에 걸면 참 좋겠지요. 사람들에게 마음에 위안을 준다는 것은 정말 행복한 일입니다. 사소한 물건 하나라도 거기에 마음을 쏟고 가치를 부여하면 그것이 우리를 보호해 주는 역할을 하는데 불교에는 이런 부처님 마음이 깃든 호신용 장식구가 많이 있으니 얼마나 다행스러운 일입니까?

　또한 염주를 단 자동차가 많다는 것은 그만큼 불자들이 많다는 증거이기도 하니 불자들이 세를 과시하기 위한 훌륭한 홍보효과도 되는 것입니다. 그러니 불자 여러분들은 꼭 차량에 염주나 기타 호신용 불구를 달고 다니시기 바랍니다. 그리고 친척들이나 친구들이 차량을 구입하면 이런 염주를 선물하여 차량에 달고 다니게 한다면 더욱 좋겠지요.

이렇게 염주를 단 차량의 운전자는 스스로 조심하게 되어 있고, 남들을 배려하는 마음으로 운전을 하게 되는 까닭에 상대방에게 좋은 인상을 주기 마련 아닐까요? 그렇다면 상대방도 "불자들은 저렇게 예의가 바르고 모범적이구나! 나도 불교를 믿어봐야 되겠군." 하는 느낌을 주어 간접 포교 효과도 거둘 수 있답니다. | 고명석 |

차 안에 건 염주를 보며
몸과 마음을 가다듬어요...
늘 안전운전 잊지 마시고요.

51

법당, 탑 앞을 지나갈 적에는
반드시 합장하자

절에는 우리가 일상 속에서 들을 수 없는 맑은 소리가 있습니다. 바람 소리, 새 소리, 종 소리, 법고 소리, 그리고 목탁 소리가 있습니다. 이것은 산사(山寺)만이 갖고 있는 소리입니다. 고요한 소리가 있기 때문에 우리는 마음을 정화할 수 있는 것이지요. 바꾸어 말하면 절은 그만큼 경건한 장소라는 의미이지요.

절의 정면 중앙에는 대개 법당이나 대웅전(大雄殿)이 있고 좌우로 요사채가 세워져 있습니다. 디귿자 형으로 배치되어 있지요. 그리고 법당 앞에는 탑(塔=불탑)이 세워져 있습니다. 탑은 보통 3층이나 5층탑이 가장 많고 높을 경우엔 7층 혹은 9층이 되는 큰

탑도 있습니다.

　불자로서 대웅전이나 법당 또는 탑 앞을 지나갈 적엔 꼭 합장을 하고 반배하는 것이 예의입니다. 대웅전이나 법당, 탑은 불자들이 가장 숭앙하는 불상과 사리가 모셔져 있고, 또 각 전각(殿閣)**에는 관음보살상·지장보살상 등 여러 보살상이 모셔져 있기 때문입니다. 그러므로 그 앞을 지나갈 적에는 당연히 합장을 하고 저두(반배)하는 것이 예의입니다. 그리고 도량의 다른 곳에서도 불상이 모셔져 있는 곳을 지나갈 적에는 항상 합장해야 합니다.

　물론 도심 속이나 또는 빌딩을 한 층 빌려서 선원이나 사찰을 만든 경우에는 산 속의 사찰처럼 별도로 대웅전이나 탑이 없는 경우가 많습니다. 이런 경우는 어쩔 수 없겠지요.

　그리고 절 안에서 스님과 마주칠 때에도 합장을 하며 반배를 하는 것이 예의입니다. 삼귀의 가운데 "거룩한 스님들께 귀의합니다."라는 문구에서도 알 수 있듯이 수도에 전념하고 있는 스님들을 만났을 경우 예의를 표하는 것이 불자의 올바른 자세이기 때문입니다. |윤창화|

---

* **요사채** | 스님이나 불자들이 숙식하는 곳, 즉 생활 공간.
** **전각(殿閣)** | 관음전·지장전·명부전 등 전각.

52

하심하는 마음으로 절을 하자

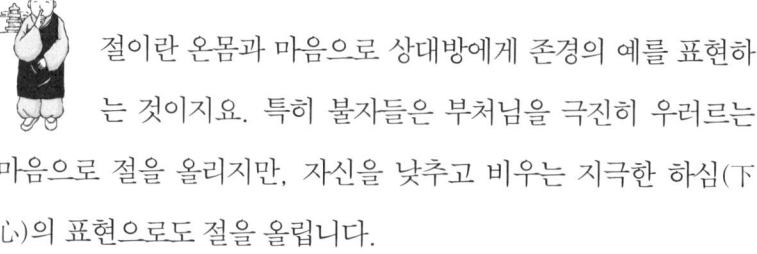

절이란 온몸과 마음으로 상대방에게 존경의 예를 표현하는 것이지요. 특히 불자들은 부처님을 극진히 우러르는 마음으로 절을 올리지만, 자신을 낮추고 비우는 지극한 하심(下心)의 표현으로도 절을 올립니다.

절을 할 때는 자신의 온 마음을 다 바쳐 지극 정성으로 올려야 합니다. 자신의 모든 생각을 내려놓고, 계산하거나 잡스러운 생각이 없이 진실한 마음으로 상대방에게 예를 표하는 것이지요. 부처님이나 스님의 경우에는 두말 할 것도 없고, 가족이나 일가친척, 혹은 만나는 모든 사람에게 여건이 허락하면 절을 올리는 것이 마땅합니다. 그가 어떤 사람이건 불성을 지닌 소중한 존재이기 때문입니다.

　사람들이 각자 갖추고 있는 부처님 성품에 절을 올리며 상대방을 부처님처럼 공경합니다. 그러면 서로 마음이 깊게 통하기 마련이지요. 그리고 그렇게 절하면서 나의 모든 마음을 비워내기 때문에 자신에게도 무아를 실천하는 좋은 마음공부가 됩니다. 결국 지극한 마음으로 절을 하면 자기도 좋고 남도 좋으니 이보다 더 서로를 신뢰하고 공경하는 방법은 없을 것입니다.

　보통 절을 할 때는 1배 또는 3배를 올립니다. 부처님과 큰스님께는 반드시 3배를 올리는 것이 기본이며 그렇지 않은 경우에는 간략하게 1배로 대신하기도 합니다. 그러나 단 한 번의 절을 올릴 때도 얼마나 거기에 마음을 쏟느냐에 따라 절의 의미와 마음가짐이 크게 달라지지요.

　불교에는 이러한 1배나 3배 외에 108배 · 1080배 · 3000배 등 절하는 경우가 있습니다. 이렇게 여러 번 반복해서 절을 하는 이유는 똑같은 행위의 지속적인 반복을 통해서 심신이 통일되고 정신의 안정을 이루기 때문입니다. 그리고 또 한 가지 중요한 이유는 육신을 항복받기 위해서입니다. 사실 관념상으로 나를 비운다는 생각은 어렵지 않습니다. 그러나 실제 절을 하면서 그 참기 어려운 고통을 극복해 나가다 보면 육신과 욕망의 항복을 받아내고 이 몸으로 무아를 실천하게 됩니다.

아주 오랜 전의 일입니다. 108배·1080배·3000배 등을 하는 것이 너무 고통스러워서 '왜 이렇게 고통을 사서 하는가' 너무나 불만스러웠습니다. 이렇게 고통스러울 바에는 차라리 똑같은 고통을 동반하면서도 산에 오르는 쾌감을 얻을 수 있는 등산을 하는 것이 백 배 낫다는 생각을 했었습니다.

그것은 동일한 동작의 절을 수없이 반복하면 마음이 하나로 모아져 삼매에 이르고, 고통스러워하는 나를 비운다는 절 수행의 의미를 몰랐기 때문에 그랬지요. 이제 와서 생각해 보니 피식 웃음이 날 정도로 부끄럽기까지 합니다.

더군다나 절을 하면서 그것이 단순한 굴신운동이 되지 않기 위해서는 육신으로 절을 하면서 마음으로 염불이나 참회, 호흡이나 절하는 횟수를 관하거나, 몸의 관찰이나 화두를 들면서 절을 하게 되면 훨씬 효과적입니다. 정신적으로도 집중이 잘 되고 신심이 조화로워지는 것은 당연하고요. |고명석|

53

법당을 출입할 적에는
양쪽 문으로 출입하자

우리가 일상사에서 가장 중요하게 여겨야 할 것 가운데 하나가 규율입니다. 이것은 사회를 유지하는 가장 큰 덕목이기도 합니다. 이렇듯이 절에도 반드시 지켜야 할 예의범절이 있습니다. 그 중의 하나가 출입문 사용하는 방법입니다.

법당이나 대웅전은 대체로 세 칸 또는 다섯 칸으로 지어져 있습니다. 큰 사찰의 경우는 일곱 칸이나 되는 큰 대웅전도 있습니다. 법당이나 대웅전 등 사찰의 건물이 이와 같이 홀수인 것은 홀수가 양수(陽數)로써 흥기(興起)를 상징하고 있기 때문이고, 또 두 칸 혹은 네 칸 등 짝수로 지어진 건물보다는 세 칸 다섯 칸 등 홀수로 지어진 건물이 훨씬 모양새도 좋고 안정적이기 때문입니다. 이것

불자들은 법당을 출입할 적에는
중앙에 있는 어간문으로 출입하지 말고
좌우 양 쪽에 있는 문으로 출입해요.

은 우리나라 특유의 건축형식입니다.

　세 칸이든 다섯 칸이든 법당 중앙에 있는 한 칸을 '어간(御間)'이라고 하고, 여기엔 달린 문을 '어간문(門)'이라고 합니다.

　불자들이 사찰에 가서 법당이나 대웅전을 출입할 적에는 가급적 중앙에 있는 어간문으로 출입하지 말고 좌우 양쪽에 있는 문으로 출입하는 것이 예의입니다. 전면 양쪽이 아니라 좌우 양쪽입니다. 그 이유는 어간문은 조실스님이나 주지스님 등 주로 사찰의 어른 스님들이 출입하는 문이기 때문입니다. 어른 스님들께서 출입하는 문으로 다니면 예의가 아니겠지요. 이것은 일반 불자들에게만 적용되는 것이 아니라 스님들에게도 적용되고 있습니다.

　말하자면 조실스님이나 주지스님 등 어른 스님이 아닌 아직 젊은 스님의 경우는 어간문으로 출입할 수 없습니다. 물론 스님들이 아닌 일반 불자들의 경우는 아직 사찰의 예의범절을 잘 모르기 때문에 혼날 일까지는 없지만 그러나 이것은 사찰의 예절(禮節)이므로 꼭 알아 두어야 합니다. 윤창화

---

* **어간문(御間門)** | 이 문을 '통솔하다' 또는 '임금을 지칭'하는 '어(御)' 자를 써서 '어간문(御間門)'이라고 한 것을 보면 옛날 대궐의 예절이 불교로 옮겨온 것이 아닌가 하는 생각이 듭니다.

54

법당에 들어갈 적에는
신발부터 정돈하자

우리가 세상을 살아가면서 지켜야 할 여러 가지 덕목들이 있습니다. 그 덕목들은 거창하게 나열하지 않아도 대개 스스로 알 수 있는 것들입니다. 그것은 바로 '품(品)'과 '행(行)'입니다. '품'은 겉모습입니다. 기개를 잃지 않고 항상 단정한 모습을 두고 하는 말입니다. '행'은 몸으로 행하는 규율을 뜻하는 것이지요.

우리는 대개 절 안에서 '품'은 유지하는데 '행'을 부실하게 하는 경우가 종종 있습니다. 예컨대 절 안에서 함부로 껌을 씹거나 담배를 피우거나 혹은 신발을 질질 끌거나 하는 것들입니다. 또는 법당에 들어갈 때에 자신도 모르게 신발을 함부로 벗어 두는 일이 종종 있습니다.

대웅전이나 법당은 예불하고 기도하는 신성한 곳입니다. 때로는 각종 행사장으로 사용되기도 하고 또 설법이나 강의를 듣는 장소로도 사용되기도 합니다. 평상시에는 그다지 혼잡하지 않지만 법회나 행사, 강의 등이 있을 때에는 매우 복잡합니다.

또한 출입구에는 불자들이 신고 온 신발로 꽉 차게 됩니다. 신발이 잘 정돈되어 있는 경우도 있고 이리저리 어지럽게 나뒹구는 경우도 있습니다. 법회가 끝나고 나올 때 보면 한 짝은 이쪽 한 짝은 저쪽에 있고 찾을 수 없는 경우도 있습니다. 심지어는 신발을 바꿔 신고 가는 경우도 더러 있습니다.

법회가 있어 대웅전이나 법당에 들어갈 적에는 먼저 신발부터 잘 정리 정돈하고 들어가도록 합시다. 그래야만 나올 때에도 신발 찾느라 복잡하지 않습니다. 법당이 아닌 곳에서 행사나 법회가 열릴 때에도 먼저 신발부터 정돈하도록 합시다.

　앞 사람이 자신의 신발을 잘 정돈해 놓고 들어가면 뒷사람도 따라서 저절로 신발을 정돈하고 들어가게 됩니다. 신발이 가지런히 잘 정돈되어 있으면 법회가 질서 있게 마무리되기도 합니다. 잘 정돈된 신발을 보면 보기도 참 좋습니다.

　예불이나 법회의 시작은 자신이 벗어 놓은 신발을 정리하는 것부터라고 생각을 한다면 어떻겠습니까. 윤창화

55

법당 안에서는 발소리가 나지 않도록 조심해서 걷자

산사에는 고요가 있습니다. 이것은 우리가 경험할 수 없는 산사만이 가지는 아주 독특한 것입니다. 고요한 산사에서의 생활은 세간의 번뇌를 떨쳐버리고 마음을 평화롭게 다스리는 일이기도 합니다. 그런 곳에서 시끄럽게 떠들거나 발소리를 내면 실례가 되겠지요.

특히 대웅전이나 법당은 우리 불자들이 가장 숭앙하는 부처님과 보살상을 모신 곳으로 가장 성스러운 곳입니다. 뿐만 아니라 법당은 스님들이나 불자들이 아침저녁으로 예불을 올리고 불공과 기도를 드리며, 설법을 하는 곳이기도 합니다.

아주 작은 절이나 도심에 있는 포교당은 법당이 일반 주택처럼

되어 있는 곳도 있으나, 규모가 좀 큰 사찰은 대부분 목재 건물로써 바닥도 나무로 만든 합판으로 되어 있습니다. 때문에 잠깐이라도 마음을 놓고 걷게 되면 '쿵' '쿵' 소리가 나게 되고, 그 소리는 때론 고요한 법당 전체를 흔들어 놓기도 합니다.

스님과 신도들이 동참하여 한창 염불이나 독경 강의나 설법이 진행중인데, 때마침 어떤 불자가 무심코 '쿵' '쿵' 소리를 내며 걸어간다면 당사자는 잘 몰라도 옆에 있는 사람으로서는 매우 거슬리게 들립니다. 특히 조용히 기도하고 있는 사람이나 108참회 등 절을 하고 있는 사람에게는 더욱 크게 들릴 것입니다.

그러므로 법당 안에서 걸을 적에는 가능한 발뒤꿈치를 들고 걸어야 합니다. 마루 전체가 울리게 되므로 염불 독경 기도 설법에 많은 방해가 됩니다. 또 부처님을 모신 법당에서 '쿵' '쿵' 소리 내어 걷는다면 부처님께도 매우 죄송한 일이 되겠지요.

우리가 절을 찾는 것은 부처님과 스님들의 가르침을 듣기 위해서입니다. 또 기도와 참회를 통하여 마음에 묻은 때를 씻어내고 현실의 안녕과 행복 그리고 괴로움을 극복하기 위해서입니다. 이것을 위해서는 항상 마음을 가다듬고 모든 행동을 조심하는 것이 바람직하겠지요. 윤창화

56

법회나 강의가 끝나면
책상과 방석을 정리 정돈하자

요즘은 각 사찰이나 불교단체, 또는 불교교양대학 등에서 불자들을 위하여 법회나 강의 등을 많이 개최합니다. 각 사찰마다 현대사회에 맞는 신도교육이 필요하기 때문입니다. 또 과거에는 그냥 1년에 한두 번 절에 가는 것으로 불자의 의무를 다했지만, 앞으로는 불교에 대한 기초교리는 알아야 하기 때문입니다.

법회나 강의에 대한 정보는 자신이 다니는 사찰 게시판이나 회보지, 또는 불교계에서 발행하는 신문이나 불교 TV, 불교방송, 그리고 인터넷을 통해 많이 소개됩니다. 초심자를 위한 강좌, 경전 강좌, 예절 강의, 전문적인 강좌 등 다양한 강좌가 많이 있습니다. 지금은 본인만 좀 부지런하면 얼마든지 좋은 강의를 들을 수가 있습니다.

강의를 들을 적에는 가능한 좋은 강의를 찾아 들어야 합니다. 물론 다 명강의지만 그 중에서도 강의를 잘 하는 분의 강좌를 들어야 합니다. 가능한 이해하기 쉽게 강의하는 스님이나 교수의 강의를 들어야 합니다. 잘 모를 경우엔 먼저 강의를 들었던 분이나 옆 사람에게 참고삼아 물어보는 것도 좋은 방법의 하나입니다.

강의를 듣는 데 있어 가장 중요한 것은 목적의식입니다. 설사 불교에 대한 기초지식이 좀 부족하다고 해도 그 강좌를 듣고자 하

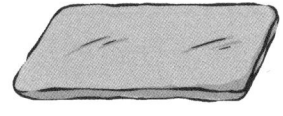

법회나 강의가 끝나면 자신이 사용한 방석이나 의자등은 자신이 치우고, 가능한 법당 안을 말끔이 정돈하고 갑니다.

는 목적의식이 분명하다면 충분히 따라갈 수 있습니다. 분명한 목적의식이 없다면 아무리 쉽고 좋은 강의를 해도 그 사람은 심심파적으로 듣는 것에 지나지 않을 것입니다.

법회나 강의가 끝나고 나면 책상이나 의자, 방석 등이 어지럽게 널려 있게 됩니다. 물론 관리자가 치우기도 하지만 사실 사찰에는 인력이 부족합니다. 그래서 가능한 자신이 사용한 방석이나 의자 등은 자신이 치우고 갔으면 합니다. 책상이나 의자는 바르게, 방석은 제자리에 갖다 놓는다면 아주 짧은 시간에 법당 안이 말끔히 정돈되기 때문입니다.

이런 것도 사찰이나 공공장소에서 하나의 질서이기도 하지만 우리 불자들의 불교신앙의 자세, 마음가짐이기도 합니다. 또 자기가 사용했거나 자기가 앉았던 자리를 정리 정돈하는 것은 아름다운 미덕이기도 합니다. 불자로서 사찰이란 우리 모두가 정성들여 다듬고 가꾸어야 할 곳이기 때문입니다. |윤창화|

57

공양 시간을 지키자

아침, 점심, 저녁에 먹는 식사를 불교에서는 '공양'이라고 합니다. 또한 부처님께 올리는 쌀 과일 등 음식물도 모두 공양이라고 합니다.

공양이란 '공급봉양(供給奉養)'을 줄인 말로써 '음식을 공급하고 받들어 뫼신다'는 뜻입니다. 물론 이 속에는 음식물 외에도 '뜻을 잘 받들어 뫼신다'는 의미도 포함되어 있습니다.

절에서 공양은 단순히 먹는 행위에 그치는 것이 아니라 자신이 오늘 이렇게 공양을 하는 것도 다 많은 사람들의 도움이 있기 때문이라고 생각합니다. 즉 하나의 공양물에는 많은 사람들의 수고가 들어가 있기 때문에 '오늘 내가 이렇게 공양할 수 있게 된 것'

이라고 생각합니다. 그러므로 공양하기 전에는 반드시 음식을 앞에 두고 합장을 하는 것입니다.

절에는 공양 시간이 정해져 있습니다. 절마다 조금씩 차이는 있지만 대체로 아침은 6시에서 7시경이고, 점심은 11시 30분, 저녁은 5시 30분에서 6시경입니다. 공양 시간이 되면 종(鐘)이나 목탁을 칩니다. 큰 절에서는 주로 종을 치고 작은 절에서는 목탁을 칩니다.

불자들이 절에 가서 공양할 적에는 반드시 공양 시간을 지켜야 합니다. 절에서는 정해진 공양 시간 외에는 공양할 수가 없기 때문입니다. 또 공양 시간이 지나면 밥과 반찬 등 모든 것을 정리해 버리기 때문이기도 합니다. 정해진 공양 시간이 이미 지났는데 공양하겠다고 하는 것은 큰 결례입니다.

또 절에서는 개별적으로 상을 차려 주는 경우는 없습니다. 원칙적으로 발우나 식판을 가지고 대중이 함께 모여 공양하는 것입니다. 이것을 '대중공양'이라고 합니다. │윤창화

58

공양할 때 음식은 알맞게 덜어서 먹고 남기지 말자

 공양은 '밥을 먹다' 또는 '식사'를 뜻하지만 불교에서 공양은 식도락(食道樂) 같은 것이 아니라 깨달음을 이루기 위하여 공양한다는 의미가 포함되어 있습니다. 수행을 위하여 에너지를 보충한다는 의미이지요. 그러므로 공양할 적에는 아주 엄숙합니다.

공양할 적에는 무엇보다도 잡담을 나누지 말아야 하고, 다음엔 수저나 그릇 부딪히는 소리를 내지 말아야 합니다. 또 국물 마시는 소리도 나지 않아야 합니다. 매우 조심스럽지요.

그런데 절에서 공양할 적에 가장 중요한 것은 절대로 음식물을 남겨서는 안 된다는 것입니다. 남기지 않기 위해서는 밥과 반찬 등 음식을 자기 양(量)에 맞게 적당히 덜어서 먹어야 하겠지요. 물론 자기 집에서 식사를 할 적에는 덜어서 먹는 경우가 드물지요. 어른 아이 할 것 없이 모두 함께 먹다가 남게 되면 냉장고에 두었다가 다음 날 먹는다든가 또는 버린다든가 하는데, 절에서는 원칙적으로 음식을 먹다가 남기거나 버릴 수가 없습니다.

그러므로 절에서 공양할 적에는 반드시 자기가 먹을 수 있는 양만큼 덜어서 먹어야 합니다. 음식(공양)을 먹다가 남기게 되면 그 음식은 타인이 먹을 수가 없습니다. 결국 그 사람이 먹다가 남긴 음식은 버릴 수밖에 없는 것입니다.

불교에서는 음식을 버린다는 것은 상상할 수가 없습니다. 불교에서는 쌀 한 톨에도 수많은 사람들의 노력이 들어가 있고, 음식물 하나에도 많은 사람들의 손길이 가 있다고 여깁니다. 그런 음식을 어떻게 버릴 수가 있겠습니까? 배추 잎 하나라도 버리지 못하게 되어 있습니다.

스님들은 발우공양을 할 적에는 발우에 붙어 있는 고춧가루나 작은 음식 티까지도 맑은 물로 깨끗이 씻어 다 마십니다. 작은 음식도 버리지 않는 것이 공양의 법도이기 때문입니다.

음식을 남기지 않는 유일한 방법은 처음부터 밥이나 반찬을 많이 담지 말고 좀 적게 담는 것입니다. 그리고 부족하면 좀더 가져다 먹으면 됩니다(더 가져다가 먹는 것은 관계가 없습니다). 처음부터 공연히 음식을 잔뜩 담아가지고 와서는 결국 그 음식을 억지로 다 먹느라 고생을 하는 경우를 종종 보게 됩니다. 그리고 식판과 수저는 깨끗이 씻어서 진열대에 가져다 놓아야 합니다.

음식을 먹을 만큼 덜어서 먹고 남기지 않는 것은 위생에도 좋고 청결하며 환경에도 참 좋습니다. 또 경제적으로 낭비와 소비를 줄일 수 있어서 일거오득(一擧五得)입니다. |윤창화

59

언제 어디서나
공양하기 전에 합장하자

우리 불자들이 절에서 공양할 적에는 대부분 합장을 합니다. 누가 시키지 않아도, 누가 먼저 하자고 하지 않아도 모두가 합장할 줄 압니다. 그런데 집에서 공양할 적에, 또는 음식점에서 공양할 적에는 합장하는 경우가 많지 않은 것 같습니다. 물론 이런 것은 오랜 문화적 습관과 관련이 있겠지요.

우리 불자들도 언제 어디서 공양을 하든 공양하기 전에는 합장하는 습관을 길렀으면 합니다. 공양하기 전에 합장하는 것은 감사의 뜻입니다. 불자로서 모든 부처님과 보살님께 감사를 드리고, 다음으로는 오늘 이 음식이 내 입으로 들어오기까지 수많은 사람들의 노고가 있었음에 대하여 감사하는 것입니다. 비록 내가 지불

한 돈으로 마음대로 사서 먹지만 그 음식이 나에게 온 것에 대하여 항상 고맙게 생각하는 것입니다. 음식물의 소중함을 잊지 않는 것이지요.

불교에서는 공양할 적에 모두 함께 외우는 글이 있습니다. 물론 이것은 정식으로 발우공양을 할 적에 외우는데 이것을 오관게(五觀偈)라고 합니다. 그 다섯 가지는 다음과 같습니다.

1. 이 음식물이 내 앞에 오기까지 수많은 사람들의 공력(功力)이 있었음에 대하여 감사히 생각한다.
2. 이러한 음식물을 내가 편히 앉아서 받아먹을 수 있을 만큼 바르고 떳떳하게 생활하고 있는지 반성해 본다.
3. 지나친 욕심을 갖고 있는 것은 아닌지, 혹 방종하지 않은지 살핀다.
4. 음식물은 오직 몸이 병드는 것을 막기 위해 먹는 것이다. 결코 맛을 즐기기 위하거나 배를 불리기 위해 먹는 것이 아니어야 한다.
5. 육체가 없으면 깨달음을 성취할 수가 없다. 그러므로 음식을 먹는 것은 육체를 유지하고 깨달음을 성취하기 위해 먹는 것이라고 생각한다.

오관게는 음식을 먹기 전에 다섯 가지를 생각한다는 뜻으로, 절에서 발우공양을 할 적에는 반드시 외웁니다. 발우공양에 참석한 모든 대중이 죽비 소리에 맞추어 외웁니다(스님들은 번역이 아닌 한문으로 외웁니다). 말하자면 공양하기 전에 감사하게 생각하는 기도문이기도 합니다. 오관게는 그 내용이 스님 즉 수행자를 위한 내용이므로 초점이 "음식을 먹는 것은 오로지 깨달음을 위하여"라는 데 맞추어져 있지요.

일반 음식점에서 공양할 적에도 오관게를 외우면 좋겠습니다만, 복잡한 음식점에서 합장하고 외우기란 내용이 길어서 좀 어려울 것입니다. 대신 간단히 "오늘 이 공양을 감사히 생각합니다. 부처님께 감사드립니다."라는 마음으로 합장하면 어떨까요.

언젠가 텔레비전의 아침 방송에서 봤는데 배 한 개를 수확하는 데도 무려 70번 정도의 손이 간답니다. 봄에 꽃이 피면 손보고 또 어느 정도 크면 신문지로 배를 싸주어야 한답니다. 초가을에 따서 담기까지 70번 정도 손이 간다니, 감사하게 생각하지 않을 수가 없습니다. | 윤창화

60

자기가 먹은 그릇은 스스로 닦자

 예로부터 수행자들은 발우공양을 해 왔습니다. 발우공양이란 발우를 가지고 공양한다는 것입니다. 발우란 응량기(應量器)라고 번역하는데, 수행자에게 합당한 그릇 내지는 양껏 담아먹는 그릇이라는 뜻입니다. 그리고 여기서 공양이란 식사를 의미합니다. 따라서 발우공양은 '수행자들의 식사' 정도로 이해하시면 됩니다.

발우공양은 단순한 식사가 아니라 수행자들이 밥을 먹는 것이기에 거기에는 법도와 격식이 있습니다. 비단 절 식당에서 상 공양을 할 때도 이러한 발우공양의 근본정신과 예절을 지켜야 합니다.

공양이란 음식이나 기타 수행에 도움이 될 만한 것을 제공하여

몸을 잘 기른다는 뜻도 있습니다. 즉 그냥 음식을 먹는 것이 아니라 그것이 수행과 깨달음에 도움이 되도록 육체를 보존하고 기른다는 의미이지요. 육체를 지탱하기 위한 좋은 약으로 삼아 밥을 먹는다는 것입니다.

한편 음식을 가지고 맛이 있느니 없느니 하면서 말을 하곤 하는데, 공양할 땐 음식이 좋건 나쁘건 맛에 탐착하지 말아야 합니다. 입을 벌린 채 음식물을 씹으면 안 됩니다. 또 공양할 적에는 가급적이면 묵언을 지키는 것이 좋습니다. 공양간에서 시끄럽게 떠드는 모습을 보면 무질서하고 산만하다는 느낌을 줍니다.

식사 후 자신의 식기는 발우공양하듯이 스스로 깨끗하게 닦아야 합니다. 누구에게 미루지 말고 자진하여 닦아야 한다는 것입니다. 그렇게 스스로 닦아야 공양에 수행의 의미가 깃들기 마련입니다. 물론 단체로 수련대회를 진행할 동안 조를 편성하여 식사 당번을 정하고 닦을 때는 여기에 해당되지 않습니다.

특히 식기는 개인용 발우와는 달리 다른 많은 대중들이 똑같이 사용하는 것이기에 항상 더 깨끗이 정성스럽게 닦아야 합니다. 그 그릇으로 다른 사람들이 먹기도 하기 때문에 자신은 물론 남을 위해서라도 자신의 몸을 닦듯이 깨끗하게 구석구석 닦습니다.

그렇게 식기를 닦으면서 자신의 마음의 때를 닦아내듯, 혹은 업장을 닦아내듯 마음으로 생각하면서 번뇌를 내보내고 부드럽게 미소지어 보는 것도 수행의 좋은 방편이 되기도 합니다. |고명석|

61

큰스님을 잘 안다고 과시하지 말자

우리들은 스님들로부터 법문을 들을 적에 '상(相)'을 없애야 한다는 말씀을 많이 들었을 것입니다. '상(相)'이란 원뜻은 조금 다릅니다만, 오늘날에는 '자기 자신이 뛰어나다는 생각' '잘난 체하는 마음' '과시욕' '아만' 등으로 쓰입니다.

'상(相)'을 없애야 한다는 말은 아무리 좋은 일을 많이 하고 실력이 뛰어나다고 해도 '자랑하고 싶은 마음' '과시욕' 등이 있다면 그것은 공덕이 될 수가 없다는 뜻입니다. 『금강경』에 있는 말씀으로 매우 유명한 말씀입니다.

그런데 우리 불자들 중에 간혹 자신이 "○○ 큰스님과 잘 안다"

"○○ 큰스님과 가까운 사이다" 등 자신의 능력을 과시하는 분들이 종종 있습니다. 이런 사람들을 본다면 대부분 "자기는 유명한 스님과 다 잘 안다"고 이야기합니다.

물론 남보다 더 잘 알고 더 가깝기 때문에 그렇게 이야기하겠지만, 가깝다고 하더라도 남에게 드러내 놓고 자랑하거나 과시하는 것은 좋지 못한 행동입니다. 이것은 일종의 과시욕의 산물로서 그다지 바람직한 모습은 아닙니다.

인간의 속성은 누구나 자기가 갖고 있는 것, 자기가 알고 있는 것을 자랑하고 과시하고 싶어합니다. 중생이니까 어쩔 수 없는 일이겠지만 이것은 못난 행동입니다. 자랑할 일이 있어도 이성적으로 통제할 줄 아는 마음, 절제할 줄 아는 마음이 중요합니다.

불교에서 말하는 수행이란 자기 자신을 낮추는 일입니다. 『법화경』「상불경보살품」이 있습니다. 상불경(常不輕) 보살은 이름 그대로 '항상 타인을 가벼이 여기지 않는 분'입니다. 항상 타인을 존중하고 자신을 낮추는 분입니다. 먼저 합장하고 공경합니다.

인간에게 중요한 것은 과시가 아니라 겸손과 겸양입니다. 아름다운 미덕이지요. 겸손하면 훌륭해 보이지만 자랑하거나 과시하면 경박해 보입니다. 겸손한 마음, 겸양할 줄 아는 마음을 가져 봅시다. 윤창화

62

스님들에 대해서 이런저런 말하는 것을 삼가하자

불자들이 삼삼오오 모여서 스님들의 생활이나 행실에 대해서 이러쿵저러쿵 말하는 것을 보게 됩니다. 모 스님의 이러저러한 모습 때문에 실망했다느니, 모 스님은 스님으로서 자격이 없다는 등 비판하기도 합니다.

불자들은 스님들의 행위에 대해서 짧은 생각으로 단정짓고 그것을 다른 사람에게 알리거나 소문을 내서는 안 됩니다. 그럴 경우 자칫하면 그 스님이 본의 아니게 떠도는 소문에 의해서 상처를 받을 수도 있기 때문입니다.

스님들의 일은 부처님이나 스님들이 정한 승단 내의 규율에 의해서 조정될 수 있도록 해야 합니다. 불자들이 자신의 잣대로 스님들을 함부로 판단하고 이런저런 말을 할 경우 그런 말들이 일파만파로 잘못 퍼져 나가게 되고 돌이킬 수 없는 마음의 상처를 서로 입힐 수 있습니다. 특히 사이버상에서 스님들에 대해서 이렇게 저렇게 평가하거나 안 좋은 일들을 거론할 때 그 피해는 아주 심각합니다.

요즘은 인터넷이 발달하고 사찰 홈페이지도 많이 개설되어 있어, 일부 불자들이 스님들의 행위나 불사를 벌이는 일에 대해서 악성적인 루머를 퍼뜨리거나 비방하여 피해를 주는 경우가 있습니다. 건전한 토론과 질책은 필요하지만 스님 신상이나 인격에 대한 이런저런 평가는 하지 말아야 할 것입니다.

불자들은 불자로서 주어진 일을 충실히 하면 될 뿐입니다. 불자들이 자신의 신행생활을 바르고 성실히 해 나간다면, 그런 불자들로 구성된 절은 저절로 튼튼해질 것입니다. 불자들이 자신이 해야 할 일을 제대도 실천하지 않으면서 스님들에 대해 이러쿵저러쿵 비방만 일삼는다면 오히려 자신에게 그 화가 미치고 사찰도 정상적으로 운영하기가 힘들어집니다.

불자들이 불자로서의 도리를 충실히 해 낸다면, 그것을 보고 스님들도 법도에 맞게 생활하고 스님으로서의 책무를 성실히 수행해 나갈 것입니다. 스님들도 불자들의 그런 모습을 보고 경각심

을 내고 자신을 성찰하기 때문입니다.

어떤 스님의 행위가 법답지 않고 못마땅하면 불자들끼리 모여 입방아를 찧고 구업을 쌓을 것이 아니라 올바른 시각으로 공식적인 채널을 통하여 진심어린 충언을 올려야 합니다. 부처님 초기교단에서도 재가자의 의견이 출가자의 행동에 반영한 사례가 많습니다.

또 하나의 방법은 한 달에 한 번씩 자자˚나 포살˚˚의식을 갖고 스님을 비롯해 불자들이 서로 간의 허물을 드러내 놓고 참회하고 용서하는 의식을 진행해도 좋습니다. 서로 격의 없이 허물이나 잘못을 드러내 놓고 이해와 용서를 구하게 되면 진정한 화합과 존경이 싹트게 됩니다. 그것이 정말 멋있는 불자다운 길이 아닐까요? 그러니 우리 불자들은 스님들에 대해 사석에서 이러쿵저러쿵 말하는 행위를 삼가해야 할 것입니다. |고명석|

˚ **자자(自恣)** | 공동생활이나 수행생활에서 도반들이나 대중에게 자신의 허물을 지적해 달라고 청하는 의식이다.
˚˚ **포살(布薩)** | 스스로 자신의 허물을 고백하고 참회하는 의식이다.

63

'행자스님'이라는 호칭은 맞지 않습니다

사찰의 예절은 속세의 예절과는 좀 다른 편입니다. 따라서 일반 불자들로서는 좀 낯설고 까다롭게 느껴질지도 모르겠습니다. 하지만 불교를 믿는 사람이라면 기본적인 상식 정도는 알고 있어야 합니다. 이것은 우리가 어디를 가든 그곳의 특수한 예절은 알고 있어야 하는 것과 같다고 할 수 있습니다.

사찰의 예절 중에서도 가장 어렵다고 할 수 있는 것이 호칭에 대한 것입니다. 호칭은 그 분의 인격과 관련되어 있으므로 각별히 조심하지 않을 수가 없지요.

예컨대 조실스님 · 주지스님 · 총무스님 · 부전스님 · 원주스님 등 직함이 있는 경우에는 직함을 부르면 되고, 직함이 없는 경우에는 그냥 '○○스님'이라고 하여 법명을 부르면 됩니다.

그런데 최근에 여성 불자들 사이에서 자주 들을 수 있는 이상한 호칭이 하나 있습니다. 하도 신기하여 어떻게 저런 호칭이 등장하게 되었을까 하고 혼자 웃기도 합니다. 바로 '행자스님'이라고 하는 호칭입니다. '행자'와 '스님'의 차이는 천양지차인데 어떻게 두 호칭을 혼합시켜 '행자스님'이라는 호칭이 생겼는지 정말 기이합니다.

먼저 '행자(行者)'라고 하는 호칭과 '스님'이라고 하는 호칭을 구분해 드리겠습니다. '행자'란 장래 스님이 되고자 갓 출가, 입산한 사람에 대한 호칭입니다. 아직 스님이 아닙니다. 사미계를 받아야 비로소 스님이 되는 것입니다. 사미계는 보통 입산 후 6개월이 지나야 받을 자격이 있습니다.

다음은 '스님'에 대하여 알아보겠습니다. '스님'은 입산하여 행자생활을 거쳐 정식으로 사미계를 받은 분

들에 대한 호칭입니다. 행자와 스님은 신분상 현격한 차이가 있습니다. 사병과 장교 차이라고 보면 될 것입니다.

그런데 왜 여성 불자들 사이에서 이 두 호칭을 결합시켜 '행자스님'이라고 하는 호칭이 탄생하게 되었는지 의아하기만 합니다. 잘 알 수는 없지만 우선은 행자와 스님을 잘 구분하지 못하기 때문인 것 같고, 다음은 스님의 경우는 '스님' 그 자체가 존칭이라서 별 문제가 없는데, 행자의 경우는 뒤에 붙는 존칭이 없어서 엉거주춤 '행자스님'이라고 부르게 된 것이 아닌가 생각됩니다.

그렇다면 행자의 경우는 어떻게 불러야 될까요? 뒤에 '님' 자를 붙여서 '행자님'이라고 부르면 됩니다. 현재 절에서 그렇게 부르고 있습니다. 또 '님' 자가 존칭이기 때문에 절대 결례가 되지 않습니다. 행자들 간에도 서로 'ㅇㅇ행자님'이라고 부르고 있습니다.

스님과 행자를 구별하는 방법은 간단합니다. 스님은 옷 색이 위 아래 모두 회색이고, 행자의 경우는 남자 행자는 밤색, 여자 행자는 오렌지색을 입습니다. 그러므로 옷 색만 봐도 스님인지 행자인지 금방 구분이 됩니다. 윤창화

64

스님 법명을 존칭 없이 함부로 부르지 말자

간혹 사석에서 스님 법명을 부를 때 존칭 없이 부르는 경우를 목격할 때가 있습니다. 예를 들자면 법명에 스님이라는 존칭을 붙이지 않고 '법우' '대원' '일초'라고 부르는 경우이지요. '법우스님'이라고 하듯이 '○○스님'이라는 존칭을 붙여서 사용해야 하는데 말이지요. 존칭 없이 스님을 부르는 것은 그렇게 부르는 스님에 대해서 존경심이 없거나 그 스님보다 자신의 위치가 높다거나 비방하는 경우가 대부분일 것입니다.

스님을 일러 '인천(人天)의 사표(師表)'라고 합니다. 말하자면 스님은 인간과 천상의 신인 천(天)의 스승이라는 것이지요. 그런데 불자들이 인간과 신들의 스승인 스님에 대해서 존칭 없이 법명을 함부로 부른다면 그것은 스님을 스승으로 삼지 못하겠다는 것이겠지요. 더욱이 스님은 불법승 삼보 중에 승보(僧寶)로서 불자들이 받들고 귀의해야 할 대상입니다. 이렇게 마음을 다해 귀의해야 할 승보로서의 스님에게 존경심이 없다면 이것은 참으로 위험스러운 일입니다.

사실 절에 다니지 않는 일반인들도 스님을 부를 때 항상 '○○스님'이라는 존칭을 사용하고 있는 마당에 불자들이, 그것도 불교를 잘 알고 절에 오래 다닌 불자들이 특정 스님을 존칭 없이 부른다는 것은 불자로서의 본분을 망각한 것이나 다름없겠지요.

스님들의 경우 같은 도반 스님들이나 스스로 자신을 밝힐 때 간혹 존칭을 생략하기도 합니다만, 사실 같은 도반들끼리도 존칭을 쓰는 것이 일반적인 모습입니다. 그런데 불자들이 스님들에 대해 존칭을 쓰지 않는다면 예의에 크게 어긋나는 일이라고 할 수 있습니다.

남자들의 경우 술자리나 사석에서 존칭 없이 스님들을 거론하곤 하는데, 그것은 초두에서도 말했듯이 그 스님에 대한 존경심이 전혀 없거나 그 스님에 대해서 반감이 나기 때문에 그런 말이 나오기 마련입니다. 아니면 그 스님이 자신과 동격이거나 그 위라는 자만심 때문에 존칭 없이 쓰기도 하지요. 그러나 불자들은 절대로 자만심을 갖지 말아야 합니다. 자신을 하염없이 낮추는 하심의 길만이 올바른 신행생활입니다. 특히 스님에 대해서 그렇게 자신을 낮추는 마음으로 받들고 존경하는 마음을 품어야 할 것입니다.

그리고 스님들을 존칭 없이 부르는 것은 곁에서 듣기에도 거북할뿐더러 스스로를 욕보이는 것이기도 합니다. 항상 남을 탓하기 전에 자신의 모습을 바로 보고 스님들을 비롯한 모든 대상들에게 존경심과 감사의 마음을 지녀야 합니다. | 고명석 |

65

스님들께 사주 관상을 봐 달라고 하지 말자

언제부터인지는 모르지만 우리 불자들은 스님들께 사주나 관상을 봐 달라고 하는 예가 많은 것 같습니다. 물론 이것은 스님들께서 사주나 관상을 볼 줄 아는 분이 꽤 있고, 또 실제 봐 주기도 하기 때문일 것입니다.

스님들이 불자들에게 사주나 관상을 봐 주기 시작한 것은 꽤 오래전의 일입니다. 아마 불교를 포교하기 위한 방법의 하나로 시작했던 것이 하나의 흐름처럼 퍼지기 시작한 것이 아닌가 생각됩니다. 그러나 오늘날에는 나이든 몇몇 스님들을 제외한다면 젊은 스님들 사이에는 사주나 관상을 보는 분이 많지 않습니다.

스님들은 사주나 관상을 전문적으로 연구하는 분들이 아닙니

스님들께 사주나 관상을 봐 달라고
하는 것은 결례입니다...
스님들은 깨달음을 탐구하는 분들이지
사주나 운명을 연구하는 분들이 아니랍니다.

다. 스님들의 본분은 어려운 사람들에게 부처님 가르침을 펴고 교화하며, 그들에게 선(善)한 마음, 행복한 마음을 갖도록 안내하는 것입니다. 개인적으로는 깨달음을 탐구하는 분들입니다. 워낙 한문학(漢文學)에 대한 이해가 높다 보니 간혹은 개별적으로 사주나 관상을 공부하는 경우도 있지만 전문적으로 연구하는 것은 아닙니다. 따라서 스님들께 사주나 관상을 봐 달라고 하는 것은 결례입니다.

사주나 관상 등 운명을 감정받고 싶으면 '동양철학원'이라는 간판이 붙은 곳이나, 사주·관상·궁합·택일 등 간판을 붙인 곳, 또는 미아리에 있는 점(占)집에 가면 즉시 해결해 줍니다. 그런 데 가면 1~2만 원이면 봐 줍니다. 그들의 말이 맞는지 여부는 알 수 없습니다. 그러나 운명론에 인생을 맡길 필요는 없지 않겠습니까?

예부터 간혹 스님들이 포교의 한 방법으로 사주 관상 등 운명을 봐 주는 예가 좀 있었습니다. 그러다 보니 그 문화가 와전되어 일반에서는 사찰과 점(占)집을 혼동하기도 했습니다. 또 미아리 등 점(占)집에서 불교의 상징인 '만(卍)자'를 마치 영업점 깃발처럼 깃대에 꽂아서 걸고 있기 때문에 혼동을 일으키기도 합니다. 윤창화

66

한글로 번역된 경전을 읽자

독자들은 대체로 '불교경전은 매우 어렵다'는 생각을 가지고 있습니다. 당연한 생각입니다. 그것은 한 번 읽고 마는 소설이나 문학서가 아니기 때문입니다. 또 이것은 처음에 우리 불자들이 어떤 경전을 읽고 공부하느냐와도 관련이 깊습니다.

대부분의 불자들은 처음 불교경전을 공부할 적에 비교적 쉽고 교훈적인 『법구경』 『숫타니파타』 등과 만나게 되는 것이 아니라 『금강경』 『화엄경』 『법화경』 등 난해한 대승경전과 만나게 됩니다. 그것도 번역서가 아닌 한문으로 말입니다.

또 각 사찰에서 운영하고 있는 불교교양대학이나 단체 등에서 강의하고 있는 경전강좌를 보면 번역서보다는 대부분 한문 원전으로 된 경전을 가지고 강의하는 편입니다. 한문 원전으로 강의한다는 것은 불교를 전공하는 학자들에게나 유용한 것이지, 일반 불자들이 이해하기란 불가능합니다. 원전 즉 한문경전 강의를 듣는다는 것은 수강자가 어느 정도 한문에 대한 이해가 있어야 합니다.

그런데도 원전으로 강의하는 경우를 많이 봅니다. 불교경전은 한글로 번역된 책을 가지고 공부해도 이해하기가 쉽지 않습니다. 예컨대『금강경』『화엄경』『법화경』같은 경우는 번역서를 보아도 난해합니다. 그런데 신문을 읽는 정도의 한문 실력을 갖춘 일반 불자들을 상대로 한문경전을 강의한다는 것은 한 마디로 커다란 난센스이고 시대착오적인 생각입니다. 권위주의적 발상이 아닐 수 없습니다.

그러므로 일반 불자들이 경전을 읽을 적에는 먼저 한글로 번역된 경전을 읽도록 해야 합니다. 한글로 번역된 경전도 처음에는 무슨 말인지 이해하기 쉽지 않습니다. 하물며 언어가 통하지 않는데 한문경전을 가지고 공부한다는 것은 일반 불자들로서는 대단한 무리입니다. 먼저 한글로 번역된 경전을 읽어서 대강 내용을 안 다음에 한문경전을 읽어도 늦지 않습니다.

한글로 번역된 경전은 대부분 동국대학교 부설기관인 동국역경원에서 출판되었고, 우리가 잘 아는 『법구경』 『화엄경』 『금강경』 『법화경』 등은 일반 출판사에서 번역되어 나온 것도 많이 있습니다. 불교교양대학과 각 사찰, 그리고 여기저기 모임에서도 경전을 많이 강의합니다만, 여기서도 가능한 한글로 번역된 경전을 가지고 공부해야 합니다.

물론 전문적으로 경전을 연구하고자 하는 분들은 예외지만 일반 불자들은 그럴 필요가 없습니다. 전문학자도 아닌 일반 불자로서 한문경전을 가지고 공부하다가는 자칫 불교가 어렵다는 인상을 갖게 되고 심지어는 불교공부를 포기해 버리는 결과를 초래하는 경우도 허다합니다. |윤창화|

67

예불 드리기 전에 절대 떠들지 말자

보통 사찰에서는 아침 예불을 3시 40분경에 올립니다. 예불을 올리기 전에 3시부터 도량석(道場釋)을 울려 사찰을 정적에서 깨우며 도량을 청정하게 합니다.

도량석이 울릴 때 사찰의 전 대중들은 조용히 일어나 몸을 청정하게 닦고 법고 소리가 둥둥둥 울릴 때 법당에 들어서는 것이 좋습니다. 그런데 이불 속에서 조금 더 잠을 청하거나 조금 늦게 일어나려고 몸부림치는 광경을 보게 됩니다. 일단 도량석 목탁 소리를 듣고 의식이 깨어나면 곧바로 일어나야 합니다. 의식이 깨어났을 때 더 잠을 청하려 해도 잠은 오지 않고 망상만 오갈 뿐입니다.

그런데 또 문제는 자리에서 조용히 일어나 침구를 정리해야 되는데, 서로 이야기를 하면서 떠드는 경우를 종종 목격하곤 합니다. 여러 사람들이 큰방에서 잠을 자고 일어났을 때, 옆 사람 코고는 소리에 잠을 못 잤다는 둥, 잘 잤냐는 둥 이런저런 이야기로 떠들면 곤란합니다. 그것이 한두 사람이 아니고 여러 사람들이 한두 마디 하면 웅성거리는 소리로 들립니다. 아침의 청정한 도량에서 들리는 소란스러운 소리는 아침 산사의 청정한 기운을 오염시키는 꼴입니다.

예불을 드리기 전에는 절대로 묵언해야 합니다. 설사 무슨 할 말이 있고 급한 용무가 있더라도 손짓이나 몸짓, 아니면 필기도구를 사용해서 의사를 전달할지언정 절대 말하면 안 됩니다. 그렇게 말을 하게 되면 내 안의 밝은 기운도 사라지고 도량을 소란스럽게 하기 마련이지요. 그리고 새벽의 첫소리는 부처님께 예를 올리는 것으로 시작되어야 합니다. 그 맑고 청아한 목소리로 부처님께 먼저 예를 올리고 예불의식으로 자신의 몸과 마음을 정화한 다음, 법당을 나와서 대중방으로 돌아가서 대화를 해도 늦지 않습니다.

또한 범종 타종을 시작하기 전, 적어도 예불을 올리기 10분 전에 법당에 들어서 삼배를 올린 후 자리에 앉아 조용하고 깨끗한 정신으로 몸과 마음을 가다듬어야 합니다. 범종 소리를 들으며 그 법음이 자신의 온몸 속을 구석구석 스치고 지나가는 것을 관하면서 예불을 준비해야 하는 것입니다. 따라서 범종 타종이 모두 끝나고 예불을 올리는 목탁 소리를 들으며 허겁지겁 법당에 들어서서는 안 될 것입니다.

　더구나 절에서는 절대로 예불을 빠져서는 안 됩니다. 아침에 일어나서 부모님께 인사를 올리듯 절에서는 절의 생명을 유지하고 우리들의 생명을 길러온 부처님께 감사의 마음을 품어야 하지요. 그리고 예불을 빠지게 되면 죄스러운 생각이 들어 마음을 괴롭히기 마련이므로 게으름피우지 말고 꼭 예불에 참석해야 됩니다. |고명석|

예불 전에는 미리 법당에 들어가서 삼배를 올린 후 조용히 자리에 앉아 몸과 마음을 가다듬어요

68

부처님 정면에서 절하는 것은 피하도록 하자

절에 가면 불자들은 가장 먼저 어디를 찾게 될까요? 아마 발걸음은 대웅전이나 법당으로 향하게 될 것입니다. 절에 간다면 무엇보다도 먼저 부처님께 참배를 올려야 하기 때문입니다. 아주 황급한 일이 아니라면 먼저 부처님께 문안인사를 드리고 난 다음 주지스님을 뵙는다거나 기타 일을 보아야겠지요. 이것은 불자로서 지켜야 할 기본적인 의무라고 할 수 있습니다. 부처님도 자주 찾아오는 사람이 더 친근하게 느껴질테니까요.

대웅전이나 법당에 들어가서 참배할 때 주의할 점이 하나 있습니다. 양 옆문을 통하여 들어가면 정면 한가운데 부처님이 모셔져 있습니다. 아마 대부분의 불자들은 정면에 서서 참배하려고 하겠

부처님께 절을 할 적에는
불상 정면에서 좌우측으로 조금
벗어난 곳에서 하는게 예의입니다.

지만, 정면에서 부처님을 마주하고 절을 하는 것은 예의에 어긋납니다.

부처님께 절을 할 적에는 불상 정면에서 좌우측으로 조금 벗어나서 절을 한다든가 또는 측면에서 해야 합니다. 정면은 조실스님이나 주지스님 등 사찰의 큰스님들께서 절하는 위치입니다. 이것은 일반 불자뿐만이 아니라 스님들에게도 적용됩니다. 다시 말하면 같은 스님이라고 해도 어른 스님이 아닌 사미나 젊은 스님들은 어간쪽˚ 정면에서 참배할 수 없습니다. 윤창화

˚**어간쪽** | 법당 한가운데 문 쪽.

69

절하는 사람 앞을
가로질러 가지 말자

부처님 사리를 모신 적멸보궁이나 유서 깊은 고찰은 모든 불자들의 기도처며 안식처입니다. 부처님을 모신 법당이나 대웅전 역시 많은 불자들이 기도하는 곳입니다.

이런 곳에서는 무엇보다도 조용해야 합니다. 휴대전화는 당연히 꺼야 하며 말을 할 적에도 낮은 목소리로 해야 하며 걸을 적에도 발소리가 나지 않도록 주의해야 합니다. 혼자서 석가모니불정근을 할 적에도, 염불이나 독경을 할 적에도 조용조용 해야 하며, 108배를 할 적에도 바닥에 무릎 닿는 소리가 나서는 안 됩니다.

그런데 간혹은 한창 정성들여 108배나 기도 정근을 하고 있는데 바로 그 앞을 빠른 속도로 '휙' 하고 가로질러 가는 분이 있습니다. 당연히 옷자락이 머리나 얼굴을 스치지요. 이것은 좀 실례라고 생각됩니다. 특히 열심히 절을 하고 있는데 머리를 스치고 지나간다면 불쾌할 수밖에 없습니다.

물론 '부처님 오신 날'이나 사찰에 큰 행사가 있어 많은 신도님들이 모였을 때는 법당이 비좁아서 어쩔 수 없는 경우가 있지만, 그 경우라도 실례가 되지 않도록 조심해야 합니다. 이것 역시 많은 불자들이 모여서 법회를 여는 사찰에서 조심해야 할 예의이고 질서입니다. 윤창화

70

사찰에서는 정숙한 마음을 갖자

사찰은 부처님을 모시고 예불을 드리는 신성한 장소이며 스님을 비롯한 불제자들이 몸과 마음을 닦으며 수행하는 곳이기도 합니다. 또한 부처님의 마음이 구석구석에서 생명을 발하는 곳이 사찰입니다. 그런 의미에서 사찰은 우리가 잘 지키고 보존하며 감사해야 하는 생명이 움직이는 몸과 같습니다.

수행 공간으로서 사찰은 마음의 혼잡함이나 번뇌가 떠나 있는 곳입니다. 사찰은 마치 대지의 굳건한 바위처럼 견고하게 앉아 좌선하는 부처님 자세를 취하고 있다고 할 수 있습니다. 또한 사찰에는 깨달은 그 모습으로 자비로운 미소를 보내는 부처님이 모셔져 있기도 하지요. 참선할 때는 머리에서 모든 잡념을 비워내고 부처님 마음 속으로 깊이 침잠해 들어갑니다. 거기에 소란스러움이라든가 잡된 생각은 들어오지 못합니다. 사찰 자체도 그렇거니와 거기서 살아가는 수행자들인 스님들 또한 그러한 자세로 살아가고 있습니다.

  따라서 사찰에서는 소란스럽게 떠들거나 경망스러운 행동을 삼가해야 하며 정숙하고 차분한 마음을 지녀야 합니다. 차분한 마음가짐은 헐떡거리는 마음이나 급한 마음을 버리고 정신을 집중시켜야 생기기 마련이지요. 따라서 사찰에 들어설 때는 모든 생각을 놓아버리고 고요하고 안정된 마음을 유지해야 합니다.

  발걸음은 조용조용 옮기되 위엄 있게 걸어야 합니다. 절대로 급한 일이 있다고 성급하게 뛰어서는 안 되며, 큰 소리로 떠들거나 경망스럽게 웃어서도 안 되지요. 그렇게 떠들고 웅성거리며 뛰는 순간 자신의 마음의 평정도 사라지며 사찰 자체의 고요한 자태며 수행환경 그리고 거기에서 수행하는 스님들이나 다른 불제자들의 고요한 마음에 파문을 일게 하여 방해를 주기 마련입니다.

  따라서 사찰에서는 몸가짐과 마음가짐을 정숙히 하고 말끔한 자세를 유지해야 합니다. 옷차림도 단정히 하고 지나치게 노출이 심한 옷을 입고 다녀서는 안 됩니다. 혹자는 사찰은 마음을 자유롭고 편하게 하기 위해 가는 곳인데 그렇다면 너무 개인의 자유를

구속하는 것 아니냐고 반문하는 사람이 있을지도 모르겠습니다. 그러나 진정한 내면의 자유는 그렇게 자기 생각대로, 욕망이 올라오는 대로 내버려 두는 것이 아니라 자신의 마음을 고요히 하고, 평화롭게 한 상태에서 이루어지기 마련입니다.

그러므로 사찰에서는 옷깃을 단정히 하고 차분한 마음으로 걸어야 합니다. 옷을 풀어헤치거나 노출이 심한 옷을 입고 다닐 경우, 그 마음이 새어나가는 것은 물론이고 다른 사람의 수행도 방해합니다. 아니 청정한 사찰의 분위기를 흐리고 그 전체를 어지럽히게 되니 자신의 마음을 뒤돌아보듯 고요하고 평정한 마음을 항상 유지해야 합니다. | 고명석 |

71

절에서 술을 마시거나
담배를 피우지 말자

사찰에서는 술과 담배, 고기, 오신채 등은 먹지 않습니다. 특히 술과 담배는 절대적으로 금하는데, 이것은 담배와 술이 정신건강을 흐리게 하고 또 수행에도 방해가 되기 때문입니다. 술을 마시면 이성을 잃게 되고 담배를 피우면 머리가 탁해지지요. 스님들이 술과 담배를 금하는 것은 이 때문입니다.

요즘엔 도심의 빌딩에서도 지정된 장소 외에는 함부로 담배를 피우지 못하게 합니다. 담배는 갖가지 질병의 원인이라고 합니다. 옆 사람이 피우는 연기만 맡아도 같은 영향을 받는다는 것입니다. 사찰에서는 이와같이 일찌감치 그 해독성을 파악하여 피우지 못하게 했던 것이 아닌가 생각됩니다.

사찰 경내에 들어가면 여기저기 '금연'이라고 써 붙여 놓은 것을 많이 볼 수가 있습니다. 담배를 피우지 말라는 뜻이지만, 간혹 도량 여기저기서 피우는 사람이 있기 때문에 '금연'이라고 써 붙여 놓는 것이 아닌가 생각됩니다. 절에서는 담배를 피우지 않는 것이 상식인데도 말입니다. 정숙하고 신성해야 할 곳에서 담배 냄새가 난다면 세속과 다를 바가 있겠습니까? 또 담배는 피우고 나서도 꽁초가 지저분하지요.

그런데 사찰의 행사나 법회에 참석하러 온 불자님 중에도 간혹 담배의 유혹을 참지 못하여 한쪽 구석에 앉아서 몰래 피우는 분이

사찰 경내에서는
당연히 금연이랍니다.
몰래 숨어서 피는 담배의
냄새는 멀리까지 간답니다.
수행에 방해가 되는
행위는 하지 말아요.

있는 것 같습니다. 뭐든지 남몰래 하는 것은 재미가 더 있지요. 피우고 나면 답답한 속이 좀 후련해지기도 하지요. 그러나 절에서는 참으시기 바랍니다. 비록 한쪽에서 피우지만 그 냄새는 멀리까지 가기 때문입니다. 부처님 앞에도 갈 수 있지 않겠습니까?

뒷이야기 하나 하겠습니다. 담배가 우리나라에 처음 들어온 것은 1618년(광해군 10)경이라고 합니다. 일본을 왕래하던 상인들이나 또는 중국을 왕래하던 상인들이 들여왔다고 하는데 어느 쪽인지 확실하지는 않다고 합니다.

처음 담배가 들어왔을 때에는 남녀노소 구분 없이 마음껏 피워댔다고 합니다. 심지어는 너댓살짜리 코흘리개 아이가 호호백발 할아버지와 맞담배를 피우는 일도 흔했고, 신하들도 임금 앞에서 장죽을 물고 국사를 논했다고 합니다. 하도 담배연기가 진동하여 어전회의(御前會議)에서는 자재하기도 했답니다. 그러나 어느 정도 흡연문화가 자리를 잡게 되자 점점 윗사람 앞에서는 피우지 못하게 하는 등 질서를 유지하기 시작했다고 합니다. 윤창화

72

보시할 때는 대가를 바라지 말자

우리는 세상을 살아가면서 늘 자신은 남보다 가진 것이 부족하다고 한탄하는 경우가 많습니다. 그런데 자세히 생각해 보면 돈은 적지만 재능면에서 남보다 뛰어난 점도 있습니다. 이것은 그 사람만의 장점입니다. 나에게도 장점이 있다는 것을 발견할 때 세상은 밝아 보입니다.

보시는 남에게 '희사한다' '베푼다' '도와 준다'는 뜻으로 불교의 여러 가지 덕행 가운데에서도 가장 으뜸으로 칩니다. 어려운 사람을 도와 준다는 것은 자비를 실천하는 것입니다. 그러므로 요즘같이 각박하고 어려운 세상에서는 더없이 좋은 행위가 아닐 수 없습니다.

청정한 그 마음이 참다운 보시입니다.

보시에는 물질적으로 보시하는 것과 마음이나 정신적 지식적으로 보시하는 것이 있습니다. 물질적인 보시는 말 그대로 재물로 보시하는 것이고, 마음이나 정신적 지식적으로 보시한다는 것은 타인의 마음을 이해해 주는 것, 또는 자기가 알고 있는 지식을 남에게 알려 주는 것입니다. 구체적으로는 타인에게 불교의 가르침을 이해하기 쉽도록 알려 주는 것입니다. 물론 일반적인 지식을 알려 주는 것도 포함됩니다.

그런데 보시(布施)를 할 적에는 가능한 순수한 마음으로 보시를 해야 합니다. 절대 전제조건이 있어서는 안 됩니다. 보시를 하고 나서 "내가 저 사람에게 보시를 했으니까 상대방도 무언가 나에게 갚아야 한다"는 기대나 바람을 갖는다면 그것은 의도적인 보시로 순수한 보시가 아닙니다. 보시를 하면서 대가를 바란다는 것은 선(善)의 보시가 아니지요.

물론 우리가 인간인 이상 약간의 기대감이나 바람 같은 것이 전혀 없을 수는 없을 것입니다. 그러나 처음부터 그런 생각을 갖고 보시를 한다면 그것은 진정한 보시가 될 수 없습니다. 사심(私心)을 갖고 보시하면 공덕이 될 수 없다는 사실은 『금강경』에서도 이야기되고 있는 말(무주상 보시)입니다. 이것은 제가 하는 말이 아니라 『금강경』에 나오는 부처님 말씀입니다. 또한 도움을 받은 사람은 늘 감사한 마음을 가져야 합니다.

좀 다른 이야기지만 우리는 늘상 타인에 대하여 어떤 바람이나 기대 같은 것을 품고 살아가는 것 같습니다. 가만히 관찰해 보면 자신도 느끼지 못하는 사이에 심적, 물질적으로 기대감을 갖고 있지요. 다행이 그 사람이 도와 주면 괜찮지만 그렇지 못할 때엔 서운한 감정을 갖게 됩니다. 급기야는 비난까지 하게 되지요. 따지고 보면 기대하거나 바라야 할 그 어떤 관계도 이유도 없는데 말입니다. 앞으로는 바라지 말고 나보다 못한 사람에게 먼저 도와준다면 어떨까요. 그 마음이 더 행복하고 편하지 않을까요. 윤창화

---

* **보시(布施)** | 자비심으로 남에게 재물이나 불법을 베풂.

73

너무 복만 달라고 조르지 말자

한국불교와 우리 불자들이 개선해야 할 중요한 한 가지는 너무 기복에 치우쳐 있어 복만 빌고 받기를 원한다는 점입니다. 절에 가면 일상적으로 보이는 광경이 복달라고 비는 모습일 것입니다. 이러한 점은 요즘 조금 나아지긴 했지만 누구라도 부인하기 힘들겠지요.

사실 종교생활을 하는 데 어느 정도 복을 비는 기복적 요소가 있기 마련입니다. 현실적으로 너무 가난하고, 약하고, 병들어 있고, 힘에 부치고, 아무튼 어떻게 할 수 있는 뾰족한 방법이 없기 때문에 부처님이나 특정한 신에 의지해서 그러한 어려움을 극복하고 복을 받고자 하는 갈망이 있다는 것은 충분히 이해하고도 남습니다. 그리고 그러한 영역을 종교가 일정 부분 담당한다는 점도 부인할 수 없습니다. 불교의 경우, 부처님의 중생을 향하는 가피력으로 어려운 상황을 극복하고, 바라는 바를 성취하고자 기도를 합니다.

그러나 너무 복만 달라고 부처님께 조르다시피 한다면 이것은 생각해 봐야 할 문제이지요. 어떤 상황을 개선하거나 어떤 목표를 성취하기 위한 자신의 마음의 준비는 전혀 없이 무조건 복만 달라고 간구한다면 이것은 참 어리석은 일입니다.

자신이 할 수 있는 최선을 다하면서 나머지 자신의 힘이 미치지 못하는 부분에서 부처님의 가피력을 바라며 소원을 비는 것이 바른 불자의 신행입니다.

그리고 진정한 소원성취와 행복은 나 자신이나 내 가족만의 이익보다는 이웃과 더불어 이루어 나가고 돕고 나누는 가운데 원만히 이루어지기 마련입니다. 좀더 원대한 목표를 세우고, 좀더 주변 사람들을 생각하는 마음을 가지고, 그렇게 마음의 준비를 하고 간절히 자기를 비워내는 기도라야 그 바라는 바를 잘 성취하기 마련입니다.

그리고 나를 비우면 비울수록 그만큼 더 채워지기 마련입니다. 결코 손해 보지 않습니다. 자신을 비우고 간절히 기도하면 그 공

덕이 쌓여 더 큰 재산이 되어서 나에게 돌아옵니다. 이렇게 되면 이웃과 함께 누리는 진정한 행복을 성취하고 행복은 나눈 만큼 커지는 것입니다.

그리고 진정 나 자신이나 내 가족이 행복하게 잘 살 수 있는 길을 가려면 당장에 목전의 이익을 도모하기보다는 어떠한 고통과 조건에도 흔들림 없이 정진할 수 있는 마음밭을 가꾸는 것이 더 중요하지요. 이러한 마음밭을 잘만 일군다면 거기에는 갖가지 꽃들이 피어나고 열매가 풍성하게 열릴 것입니다. 올해는 흉년들었다 해서 당장에 소원하는 바가 이루어지지 않았다고 해서 포기하거나 좌절하지 않고 마음을 다해 노력한다면 그런 마음밭에서는 반드시 풍성한 결실을 맺기 마련입니다.

설사 당장 소원을 성취하여 아이가 대학에 붙고 남편이 승진한다 하더라도 마음밭을 잘 가꾸지 않는다면 나중에 그것이 화를 작용하여 있는 복마저 탕진하게 된다는 점을 명심하고 명심할 일입니다. | 고명석 |

---

* 가피력(加被力) | 부처님이나 보살님이 자비의 마음으로 중생을 이롭게 하려고 주는 힘.

74

1인 1수행을 생활화하자

불교는 깨달음의 종교라 하며 깨닫기 위해서 수행하는 종교라고 합니다. 내 밖의 신에 의지하여 노예처럼 사는 종교가 아니라 내 자신에 갖추어진 완전한 부처님 성품, 아주 밝고 맑은 성품을 믿고 그것을 체험하여 내가 세계의 주인공이 되는 종교가 불교입니다.

수행이란 몸과 마음을 닦는 것입니다. 거친 돌을 연마하여 보석처럼 번쩍번쩍 빛나게 하는 것과 같습니다. 그렇다면 왜 닦을까요? 마음이 돌처럼 표면이 거칠고 윤기가 없으면 탁해서 걸리고 막히기 때문입니다. 매사가 잘 안 풀리고 꼬이고 답답하기 때문에 그것들을 풀기 위해 닦습니다.

그렇다면 왜 걸리고 막힐까요? 마음대로 되지 않고 일이 순조롭게 풀리지 않기 때문에 그렇습니다. 더 근원적으로 말해서 마음이 불안한 까닭입니다. 마음이 왠지 모르게 허전하고 안정이 되지 않으며 무엇엔가 걸려 있으니 일이 제대로 풀려나갈 리가 없지요. 탁 놓지 못하고 무엇에 집착하여 고정관념과 강박관념에 쌓여 있으니 어둡고 답답한 것입니다.

사실 나와 주변을 막히게 하는 것은 내가 지은 행위의 과보에 그 원인이 있습니다. 그것이 내가 전생에 지은 과거의 행위이든, 아니면 방금 전에 상대방에게 지은 행위이든, 그러한 행위로 말미

자신의 몸과 마음을 닦을 수 있는 수행을 선택하여 꾸준히 생활 속에서 실천해 갑니다. 마음 밝히는 수행이 세상을 밝혀줍니다.

암아 내 마음이 무엇엔가 걸리는 것입니다.

　업이 쌓여 자기의 앞길을 답답하게 가로막는 것은 탐욕과 화, 그리고 어리석음이라는 세 가지 독소 때문입니다. 내 것으로 소유하고자 하는 욕망 때문에 갈등을 일으키고 허전해하며, 내 마음대로 되지 않으니 신경질을 내고 화를 버럭 냅니다. 그리고 그 모든 것은 자기를 허공처럼 비우지 못하는 어리석음에 근거합니다. 따라서 탐욕은 청빈하고 맑고 깨끗한 생활인 계(戒)로, 화는 급히 올라오는 마음을 잠재우는 깊은 선정으로, 어리석음은 자신을 비우는 무아의 지혜로 다스립니다. 한 마디로 말해 탐(貪)·진(瞋)·치(痴)의 삼독(三毒)을 계(戒)·정(定)·혜(慧)의 삼학(三學)으로 닦는 것이 수행인 것이지요.

　불교에는 다양한 수행법이 있습니다. 2500년의 역사를 내려오면서 불교는 많은 수행법을 개발해 왔던 것이지요. 그 중에서 한국불교의 대표적인 수행법은 참선(간화선), 염불, 간경, 주력 등입니다. 이 밖에도 절, 참회, 사경, 위빠사나 그리고 수많은 관법이 있지요.

　불자들은 이 중에서 자신의 조건과 역량에 맞는 수행법을 택해 심신을 닦아 나간다면 참다운 불자로서 하루하루를 건강하고 행복하게 살아나갈 수 있습니다. 그러니 각자가 다니는 절에 다니면서 그 절에서 권장하는 수행법을 택해 함께 수행해 나간다면 그 이상 바람직한 것은 없을 것입니다.

 그렇게 해서 내가 밝아지면 그러한 나를 본받고 식구들이 따라서 수행할 것입니다. 그러면 그러한 수행이 이웃으로 자연스럽게 퍼져나가기 마련이지요. 그렇게 행복하게 사는 모습을 보고 당연히 이웃들이 본받기 때문에 그렇습니다. 이렇게 해서 수행이 주변으로 확산되어 나갈 때, 내 가정, 사회, 국가가 불국토로 변해 갈 것입니다. 수행으로 나아가는 하나의 작은 실천, 그것이 인생을 변하게 하고 사회를 변하게 합니다. 따라서 우리 불자들은 1인 1수행법을 택해 그것을 생활화하여 마음을 밝히고 세상을 아름답게 하는 데 앞장서야 할 것입니다. | 고명석 |

75

당사자가 없는 자리에서
남을 비방하지 말자

생활하다 보면 가끔씩 상대방을 비방할 때가 있습니다. 때로는 자기 자신에 대해선 한없이 관대하면서도 다른 사람의 허물에 대해서는 가차 없는 비방을 퍼붓습니다.

불자들의 경우에도 직장에서나 가정에서 상대방이 내 의사나 생각, 나의 가치나 판단, 나의 요구에 따르지 않거나 못 미칠 경우 내 자신을 보기 전에 남을 탓할 경우가 많습니다. '나는 잘했는데 네가 잘못해서 사태가 이 지경에 이르렀다'는 식으로 남을 탓하고 비방하며 자신은 잘못이 없노라고 변명을 합니다.

그러나 공석에서건 사석에서건 상대방이 잘못했다고 하여 그 자리에서 다짜고짜 그에게 비방하는 말을 하면, 사람은 감정의 동

물인지라 어찌되었든 화를 내기 마련입니다. 그렇게 상대방이 버럭 화를 내게 되면 그런 말을 한 나 자신의 감정까지 건드려 나중엔 그것이 우격다짐으로 번지는 경우가 많습니다.

더욱이 당사자가 없는 자리에서 남을 비방하게 되면 큰 화근이 되어 돌아오기 마련입니다. 세상에 비밀이란 없습니다. 언젠가는 다른 사람의 입을 통해서 그 사람의 귀에 들어가게 되어 있습니다. '발 없는 말이 천리간다' 는 말처럼요. 그리고 그 말이 그대로 전달되는 것이 아니라 더욱 부풀려지고 왜곡됩니다.

그렇다면 그 말을 전해들은 당사자는 심한 모멸감을 느끼고 그런 말을 한 사람에 대해서 배신감까지 느끼게 됩니다. 결국은 그 사람과의 관계가 소원해지고 심한 경우는 원수지간으로 변합니다. 정말 악연을 만드는 셈이지요.

그렇다고 해서 불만이 쌓인 당사자에게 해야 할 말을 가슴에 담고 참고 있으라는 것은 아닙니다. 그렇게 참고 있으면 그것이 쌓이고 쌓여 화병이 나며 더 큰 분노로 폭발하고 맙니다. 불만이 있으면 차분한 마음으로 당사자와 만나 허심탄회한 대화의 시간을 갖는 것이 좋습니다. 그 자리에서 자신의 솔직한 마음을 털어놓고 상대방의 생각도 가감 없이 듣습니다. 그렇게 해서 오해가 있다면 풀고 잘못이 있다면 사과를 하고, 미흡한 점에 대해서는 함께 노력해서 개선하자고 말한다면 서로의 관계에 신뢰가 쌓이고 이전보다 더 관계가 좋아질 것입니다. 비온 뒤에 땅이 굳는다고 했습니다.

따라서 우리 불자들은 당사자가 있건 없건 남을 함부로 비방하지 말아야 할 것입니다. 남을 비방하기 전에 자신을 뒤돌아보고 그래도 상대방에게 결점이 있다면 조용히 지적해 주는 것이 순리입니다.

상대방을 비방하는 말, 이간질하는 말, 악담하는 말을 하게 되면 더욱더 그 관계가 꼬인다는 점을 명심하고 언어생활에 신중을 기해야 될 것입니다. 말 한 마디에 천 냥 빚을 갚기도 하지만 말 한 마디 잘못하여 상대방 마음에 비수를 꽂습니다. |고명석|

76

나쁜 말과 거친 말을 하지 말자

우리들은 살아가면서 말 때문에 남을 울리기도 하고 깊은 상처를 주기도 합니다. 화가 나거나 마음이 급히 달아오르면 그저 남 살피지 않고 올라오는 대로 지껄이게 되어 험한 말을 수없이 상대방 가슴에 쏘아댑니다. 나쁜 말, 거친 말로 상대방을 괴롭히며 영혼을 파괴합니다. 그러니 우리 불자들은 절대로 남에게 상처 주는 말을 사용하면 안 됩니다.

"성 안 내는 그 얼굴이 참다운 공양구요, 부드러운 말 한 마디 미묘한 향이로다."라는 문수동자(文殊童子)의 게송이 있듯이 우리 불자들은 부드러운 말, 사랑스러운 말, 서로를 화합케 하는 말을 쓸 것이지, 절대로 나쁜 말과 거친 말을 쓰지 말아야 합니다.

그래서 욕설과 악담, 비방, 감언이설, 이간질하는 말 등은 불교에서 크게 경계하고 있습니다.

악담과 욕설, 비방은 상대방 마음을 멍들게 하여 그 말로 인하여 큰 상처를 입히고 분노하게 하거나 한없는 슬픔에 빠져들게 합니다. 또한 이 사람에게 이 말을 하고 저 사람에게 저 말을 하여 서로를 갈라 놓는 이간질하는 말은 사람들의 관계를 악화시키며 서로 갈등의 골을 깊게 만듭니다. 앞에서는 이 말을 하고 뒤에서는 저 말을 하여 남의 뒤통수를 치는 말도 절대 삼가해야 합니다.

악담과 욕설, 비방은 상대방 마음을 멍들게 합니다.

그리고 이러한 나쁜 말들은 상대방에게 상처를 줘 쓰라린 아픔을 주는 데서 그치는 게 아니라, 그 말을 한 자신에게 돌아온다는 사실을 명심해야 할 것입니다. 자기가 뿌린 과보 역시 어떤 형태로든 자신에게 되돌아오기 마련입니다. 그래서 부처님께서는 다음과 같이 말씀하십니다.

남 듣기 싫은 성난 말 하지 말라.
남도 네게 그렇게 답할 것이다.
악이 가면 화가 돌아오나니
욕설이 가고 오고, 매질이 오고 간다.

종이나 경쇠를 고요히 치듯
착한 마음으로 부드럽게 말하면,
그의 몸에는 시비가 없어
그는 이미 열반에 든 것이다.

- 《법구경》〈도장품〉

위 구절처럼 말은 마음가짐에 따라 달리 표현됩니다. 착하고 부드럽고 고요한 마음을 간직하고 있으면 그런 말을 하게 되어 있

습니다. 반대로 마음이 급하거나 악한 모습으로 물들어 있으면 말 또한 거칠고 악하기 마련입니다. 마음이 급하고 상대방을 헤아리지 않게 되면 상대방의 자존심을 건드리는 말도 거침없이 하게 됩니다. 따라서 말을 할 때는 급한 마음으로 내 욕심으로 하지 말고, 그 사람의 입장을 들어주고 이해하고 그 사람의 심정에 어울리는 말을 해 주어야 합니다. 상대방이 매우 슬픈 상태인데 분위기를 푼다고 농담이나 우스갯소리를 하는 것도 그 사람의 마음에 상처를 줄 수 있으므로 진정 상대방을 헤아리면서 말을 해야 되겠지요. |고명석|

77

많은 욕심을 갖지 말자

사람은 욕심 없이 살 수는 없습니다. 정말 사람에게 욕망이나 욕구가 없다면 성장이나 발전을 기대할 수 없으며 원대한 포부를 세울 수 없겠지요. 그러나 지나친 욕심, 과도하거나 많은 욕심은 화나 근심을 불러오기 마련이며 그 불길이 거세지면 나 자신은 물론 주변 사람들의 마음을 태웁니다.

그래서 부처님께서는 『법구경』에서 "만족할 줄 아는 것이 가장 값진 부자"라고 했습니다. 그리고 작은 것에 만족하라고 했습니다. '작은 것이 아름답다'는 말이 있습니다. 비록 작지만 그것을 소중하게 아끼고 거기서 만족을 느낀다면, 그리고 나머지를 여러 사람과 나누며 산다면 그처럼 행복하고 아름다운 삶은 없을 것입

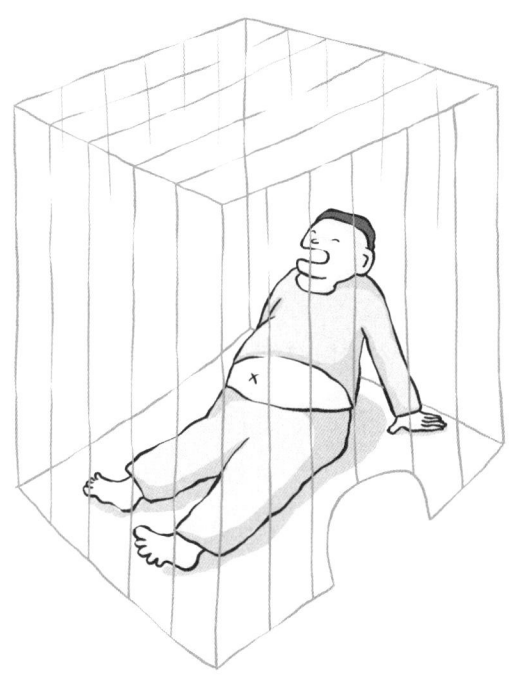

니다.

 사람의 욕심은 한계가 없으며 가질수록 만족을 모르고 더 욕심이 생기는 법입니다. 어느 신문에서 봤는데 500만불짜리 제트기를 소유한 사람이 이젠 1000만불짜리 제트기를 소유하려는 심리가 있다고 하면서 아무리 부자라고 하더라도 욕망은 채워지지 않는다는 것을 보여 주고 있습니다. 사실 남부럽지 않은 아파트에 살고 있으면서도 남들이 더 좋은 아파트에 살면 그것을 가지려고 또 욕심을 내지 않습니까? 이렇게 욕망은 끝이 없습니다.

 부처님께서는 "비록 금덩이가 소나기처럼 쏟아질지라도 욕망을 다 채울 수는 없다."라고 했습니다. 그리고 그 욕망을 이루지 못하면 화살을 맞은 사람처럼 번민하기 마련입니다. 더 많은 재산을 갖지 못하면 부질없이 원통해하고 재산이 없어질까 근심하고 마음을 졸입니다. 부처님의 원음이 담겨 있는 『숫타니파타』에 "사람들은 내 것이라고 집착한 물건 때문에 근심한다. 자기가 소유한 물건은 영원한 것이 아니기 때문이다."라는 말이 있습니다.

 그리고 지나친 욕망은 사람의 마음을 덮어 어리석게 만듭니다. 목전의 이익에 눈이 멀어 전체를 보지 못하고 우매한 행동을 해 스스로 파멸의 웅덩이를 파게 됩니다. 그러므로 우리 불자들은 지나친 욕심에 스스로를 태우는 어리석은 일을 범하지 말아야 할 것입니다.

  그런데 사실 인간이란 욕망이 없으면 진보와 발전이 없기에 그 욕망을 잘 조절해 나가야 합니다. 그것은 욕망의 에너지를 나 자신의 욕심을 채우는 데 탕진하지 말고 전체 생명과 함께 나누며 살고 베풀며 살겠다는 대자비의 원력으로 바꾸어나가는 것이지요. 그렇게 원을 품고 사는 불자의 삶은 생활에서도 활력을 느끼며 어떤 일을 하더라도 자신감 있고 진취적인 노력을 하게 됩니다. 그리고 하는 일에서 진정한 행복을 느끼며 일도 순탄하게 풀리기 마련입니다. | 고명석 |

78

이익에 따라 부처님 말씀을
악용하지 말자

사람들은 스스로 합리화를 잘 시킵니다. 자신의 이익과 편리를 위해서는 무엇이든 끌어들여 자신을 변호하고 자신의 주장을 관철시키려 합니다. 아전인수(我田引水)라는 말이 있지요. 스스로를 합리화하고 정당화하기 위해 '자신의 논에 물 대기' 식으로 똑같은 상황을 자기에게 유리하게 적용하지요. 특히 정치인들의 경우를 보면 여론조사의 결과를 보고 그것을 객관적으로 보지 않고 자기에게 유리한 방향으로 이끌어 가 상황을 자기 방식대로 유리하게 설명하는 경우가 비일비재합니다.

부처님 말씀을 살펴보면 사람들의 수준과 조건, 관심에 맞추어 설명한 것이 많습니다. 듣는 이가 처해 있는 상황과 능력을 고려하여 가르침을 주어 그 사람의 마음을 사로잡았지요. 그것을 상대방의 받아들이는 조건에 따라 가르침을 베푼다 하여 대기설법(對機說法)이라고 합니다. 눈높이 설법인 것이지요. 예를 들어 세속생활의 무상함을 보여 주면서 출가해서 수행한다는 것이 얼마나 고귀한 것인가를 설하고 있는 경우가 있는가 하면, 현실생활을 충실히 살아가는 사람에게는 생활 속에서 좀더 행복한 삶을 누릴 수 있는 생활법문을 베푸셨습니다.

부처님께서는 무아를 강조했지만, 대상을 쫓아다니면 아까운 시간과 정력을 허비하는 사람들에게 진정한 자기를 찾는 것이 중

애써 맞추려하지 마세요.
자신의 상황을 바로 알고
인정할 줄 아는
지혜가 필요합니다.

요하다고 말합니다. 스스로의 깨끗한 마음을 등불로 삼고 부처님 가르침을 등불로 삼아서 정진하라고 하면서 자력(自力)을 강조하지만 힘 없는 사람들에게 아미타부처님의 본원의 힘에 의지해 타력(他力) 염불을 통해 정토(淨土)에서 태어날 수 있는 길도 열어 놓습니다.

부처님의 초기수행법도 탐욕이 많은 사람에게는 몸의 덧없음과 부정한 모습을 보는 부정관을 권하고, 성내고 다툼이 많은 사람들에게는 평화와 자비의 마음을 기원하는 자비관을 권합니다.

이렇게 부처님 법은 지키고 범하고 열고 닫는 것이 고정됨이 없습니다. 그것은 조건과 상황에 맞는 최상의 가르침을 주기 위한 것입니다. 그런데 불자들이 이러한 사실도 모르고 부처님 말씀의 특정한 부분만 떼어내어 자기의 이익을 위해 변호하고 악용한다면 그만큼 커다란 해악은 없을 것입니다.

흔히 죄에는 자성이 없고 몸과 말과 뜻에 따라 형성되었으므로 참회를 하면 죄가 씻은 듯 없어진다고 말씀하기에 공공연히 해악을 범하고 참회하면 되겠지라고 스스로 합리화한다면 이것만큼 어리석은 일은 없다는 것입니다. 이것은 정말 숲을 보지 못하고 나무만 보려는 단견에 불과합니다.

절대로 귀에 걸면 귀걸이 코에 걸면 코걸이 식으로 자기 상황을

변호하거나 합리화하거나 악용하기 위해 부처님 말씀을 끌어들이면 안 될 것입니다. 부처님 말씀에 따라 상황과 조건을 올바로 보고, 부처님 말씀에 입각하여 아주 맑고 깨끗한 마음자세로 살아가야 할 것입니다. |고명석|

79

합장의 의미를 알고 실천하자

합장(合掌)이란 두 손을 공손하고 정성스럽게 모으는 행위입니다. 이렇게 두 손을 합쳐서 하나로 모으면 흩어져 있던 생각이 모아져 한결같은 마음이 되기 마련입니다. 한결같은 마음이 되면 정신이 안정되고 편한 상태에 머물 수 있습니다.

합장하고 서 있을 때는 몸을 똑바로 세워서 흔들리지 않도록 해야 합니다. 합장한 상태에서 두 발을 가지런히 모으고 바르고 안정된 자세를 유지하는 것이 중요하지요. 합장은 양 손을 모아 손바닥을 서로 빈틈없이 밀착시켜야 합니다. 손가락 사이가 벌어져서도 안 되고 어그러져서도 안 됩니다. 그렇다고 손바닥을 밀착시킨다고 너무 힘을 주면 긴장이 되어서 균형이 깨지기 쉽습니다.

그러니 양 손바닥을 밀착시키되 편하고 자연스러운 자세를 유지해야 합니다.

또 합장할 때 양 팔꿈치가 나란히 한 일자가 되도록 유지하면 좋습니다. 그렇게 하면 두 손끝이 아래로 처지지 않기 때문입니다. 그러나 억지로 긴장하면서 한 일자로 유지할 필요까지는 없습니다. 손끝이 똑바로 세워져 있으면 무방합니다. 그리고 두 손목이 명치 앞, 손가락 두 마디 정도 떨어진 곳에 자리잡으면 자연스럽습니다. 두 손끝이 수직으로 서지 않고 앞쪽을 향해 있으면 너무 보기 싫고 형식적이라는 인상을 지워버리기 힘들지요. 두 손끝이 수직으로 유지되어 있어야 마음이 흐트러지지 않고 진실로 존경하는 마음을 품을 수가 있습니다.

합장은 경전을 독송할 때나 기도를 할 때, 법당 안에서 예를 올리기 위해 걸어갈 때, 그리고 경건한 마음을 품으며 예의를 갖추려 할 때 합니다. 사실 우두커니 서 있는 것보다 합장한 채 몸을 가지런히 하고 다소곳

합장(合掌)
두 손을 공손하고
정성스럽게 모아요.

이 서 있으면 마음에 적절한 긴장도 되고 편한 마음을 품게 되어서 좋습니다.

이렇게 합장한 상태에서 상대방에게 허리를 굽혀 예를 표하는 것을 저두(低頭) 혹은 반배(半拜)라 합니다. 이것은 허리를 숙여 인사하는 모습인데, 합장한 자세로 허리를 60도 정도 굽혀서 상반신을 숙이는 것입니다. 허리를 굽힐 때는 합장한 상태를 그대로 유지해야 하며 이때도 손끝이 처지면 안 됩니다.

불자들은 다음과 같은 경우에 합장하고 저두(반배)를 합니다.

저두(低頭)
합장한 상태에서 상대방에게 허리를 굽혀 예를 표합니다.

- 절 입구에 들어설 때나 절에서 나올 때
- 일주문이나 천왕문 등 산문(山門)에 들어설 때
- 길에서 스님이나 도반을 만났을 때
- 불탑이나 부도 등에 절할 때
- 야외에서 법회를 볼 때 큰절을 할 수 없는 경우
- 법당 안에 있을지라도 공간이 너무 좁아 큰절을 올릴 수 없는 상황일 때
- 큰절을 하기 전이나 마친 후에

🪷 부처님 전에 향이나 보시물을 올리기 전과 후에
🪷 법당이나 대중들이 수행하는 큰방에 들어서기 전이나 나오기 전에
🪷 공양하기 전이나 후에

이렇게 합장하는 법과 그 의미를 잘 알아서 실천하게 되면 마음이 안정되는 것은 물론 자신감도 생깁니다. |고명석|

불자생활백서
【 불자들이 꼭 알아야 할 79가지 에티켓 】

초판 1쇄 발행 | 2008년 1월 30일
초판 3쇄 발행 | 2018년 5월 30일

지은이 | 윤창화 · 고명석
일러스트 | 용정운

펴낸이 | 윤재승
펴낸곳 | 민족사

주간 | 사기순
기획편집팀 | 사기순, 최윤영
영업관리팀 | 김세정

출판등록 | 1980년 5월 9일 제1-149호
주소 | 서울 종로구 삼봉로 81 두산위브파빌리온 1131호
전화 | 02)732-2403, 2404 팩스 | 02)739-7565
홈페이지 | www.minjoksa.org
페이스북 | www.facebook.com/minjoksa
이메일 | minjoksabook@naver.com

ISBN 978-89-7009-418-2 03220

※ 글쓴이와 협의하에 인지는 생략합니다.
※ 책값은 뒤표지에 있습니다. 잘못된 책은 바꿔 드립니다.
※ 저작권법에 의하여 보호를 받는 저작물이므로 무단으로 복사,
  전재하거나 변형하여 사용할 수 없습니다.